U0487800

高校体育多元教学论探索

张向荣◎著

吉林出版集团股份有限公司

全国百佳图书出版单位

图书在版编目（CIP）数据

高校体育多元教学论探索 / 张向荣著 . -- 长春：
吉林出版集团股份有限公司 , 2024. 8. -- ISBN 978-7
-5731-5706-5

Ⅰ . G807.4

中国国家版本馆 CIP 数据核字第 2024BF6259 号

高校体育多元教学论探索

GAOXIAO TIYU DUOYUAN JIAOXUE LUN TANSUO

著　　者	张向荣
责任编辑	黄　群　杜　琳
封面设计	李小锋
开　　本	710mm×1000mm　　　　1/16
字　　数	201 千
印　　张	11
版　　次	2025 年 1 月第 1 版
印　　次	2025 年 1 月第 1 次印刷
印　　刷	天津和萱印刷有限公司

出　　版	吉林出版集团股份有限公司
发　　行	吉林出版集团股份有限公司
地　　址	吉林省长春市福祉大路 5788 号
邮　　编	130000
电　　话	0431-81629968
邮　　箱	11915286@qq.com
书　　号	ISBN 978-7-5731-5706-5
定　　价	81.00 元

版权所有　翻印必究

前　言

　　经过 40 多年的改革开放，我国的高等教育取得了重大的历史性突破，已经跻身全球高等教育大国行列。在"新常态"成为主导思想的大环境下，理解、评估并落实高等教育的新常态，将我国从高等教育大国转变为高等教育强国，已经成为当前阶段我们高等教育的重大使命。在《"健康中国 2030"规划纲要》中，大学体育教育被视为学校体育和健康教育的"最后一公里"，对于推进全面教育，以及为国家培养具有强健体魄的优秀人才均起着关键作用。同时，高校体育教学对学生塑造强健体魄、磨炼坚强意志有着积极意义。尤其是在当前社会高速发展、工作生活节奏较快的情况下，更需要发挥体育教学的重要作用，培养学生的全面素质。

　　高校体育教学经过不断发展，已初步建立一个较为完善的体系，但是面对新形势和新问题，如何在适应现实需要的同时进行创新发展，仍是当下迫切需要解决的课题。体育教学是一项系统、复杂的工程，涉及教师行为、学生行为、教学内容、教学媒体、学习环境等因素。为了实现既定的教学目标，提高教学效果，使学生在学习中终身受益，教师必须全面审视体育教学活动过程，从多方面、多元化角度把握教学实态，对体育教学的实际问题做出反应并提出解决对策。

　　本书共六章内容。第一章为高校体育教学概论，主要论述了高校体育教学目标与规律、高校体育教学内容及发展、高校体育教学的主要原则以及高校体育课程教学的基本理论；第二章为高校体育教学方法研究，主要内容为体育教学方法及相关概念阐述、体育教学方法的意义、体育教学方法的选择与优化组合以及体育教学方法的实施与探索；第三章为高校体育教学模式探索，分别介绍了自主协作体育教学模式、高校体育俱乐部教学模式、运动处方教学模式、"三联互动"教学模式以及生态体育教学模式；第四章为高校体育教学设计实践，主要内容包括高校体育教学设计概述、高校体育教学目标设计与实践、高校体育教学组织设计与实践、高校体育教学设计的实践发展；第五章为高校体育教学评价探究，主要内容为高校体育教学评价概述、高校体育教学评价的科学原则与方法、高校体育教学评价的发展与完善；第六章为高校体育教学的创新与发展，详细论述了高校体育教学创新的影响因素、高校体育教师的信息素养与教学创新以及高校体育教学创新体系建设构想。

在撰写本书的过程中，笔者参考了大量的学术文献，得到许多专家、学者的大力帮助，在此表示真诚的感谢。由于作者水平有限，书中难免存在疏漏之处，希望广大同行指正。

张向荣

2024 年 3 月

目　录

第一章　高校体育教学概论

本章为高校体育教学概论，详细论述了高校体育教学目标与规律、高校体育教学内容及发展、高校体育教学的主要原则以及高校体育课程教学的基本理论四个方面的内容。

第一节　高校体育教学目标与规律

一、高校体育教学目标

"体育教学目标来源于体育课程目标，是预期的学生学习结果或学习活动预期应达到的标准。体育教学目标是指体育教学活动主体预先确定的、在具体体育教学活动中所要达到的、利用现有技术手段可以测量的教学结果。"[1]

（一）高校体育教学目标的结构

1.高校体育教学目标的外部特征

高校体育教学目标的外部特征不属于体育教学目标内容的范畴，但规定着体育教学目标内容的特点与标志等。具体而言，高校体育教学目标的外部特征主要有如下方面：

（1）体育教学目标的层次

体育教学目标是有层次结构的，而且不同的层次结构在功能方面有着一定的差异。此外，体育教学目标的层次结构又有横向与纵向之分。

①体育教学目标的横向层次

从实质上来说，体育教学目标的横向层次反映了各种具体的体育教学目标之

---

[1]　张细谦.体育课程与教学论[M].广州：广东高等教育出版社，2013.

间的关系。具体来看，从横向角度划分，体育教学目标大致可以分为知识目标、体能目标、技能目标和情意目标。这几个目标是相互独立且有一定联系的，对于总体体育教学目标的实现发挥着重要的制约作用。

②体育教学目标的纵向层次

从实质上来说，体育教学目标的纵向层次反映了体育教学目标的上下层次关系。具体来看，从纵向角度划分，体育教学目标大致可以分为课程教学目标、水平教学目标、学年教学目标、单元教学目标、课时教学目标等。

（2）体育教学目标的着眼点

教学目标都是围绕需要解决的问题来制定的，"需要解决的问题"便是教学目标的着眼点。只有切实明确了教学目标的着眼点，制定的教学目标才能更有针对性和可操作性。基于此，高校在制定体育教学目标时，首先要明确需要解决的教学问题。

2. 高校体育教学目标的内部要素

在了解了体育教学目标的外部特征后，就可以了解其内部要素了。具体而言，高校体育教学目标的内部要素主要包括如下方面：

第一，条件。条件是决定目标难度的因素，在规定目标难度和学习进度时，可以变化目标中的条件因素。以排球垫球为例，目标"自己抛球后将球垫起"和"接垫同伴隔网抛来的球"在难度上是不同的，而使难度不同的是垫球的条件。

第二，标准。在对目标的难度进行改变时，标准也是一个十分重要的因素。以排球垫球为例，目标"垫出的球必须达到 2 米的高度，并落在对方的场地上"和"垫出的球必须达到 3 米的高度，并落在对方场地的前半部分"在难度上是不同的，而使难度不同的是垫球的标准。

第三，课题。在对目标的难度进行改变时，课题也是一个十分重要的因素。一般来说，课题是通过改变动作形式（运动课题）使目标的难度发生改变。比如，体操中平衡运动的课题。课题 1：手放在什么位置都可以，做 10 秒钟的单脚站立。课题 2：手在体前相握，抱膝盖，做 10 秒钟的单脚站立。很明显，这两个课题下的目标在难度上是不同的。

（二）高校体育教学目标的功能

对体育教学目标的功能进行分析，能够帮助人们更好地了解与掌握体育教学目标，并为体育教学目标的设计提供科学依据。具体而言，高校体育教学目标的功能主要有如下方面：

1. 定向功能

体育教学目标是对目标的呈现，同时是为了实现这些目标而设定的结果和路径。因此，在进行体育教学时，体育教学目标起着引领作用。也就是说，体育教学活动是在体育教学目标的引领下进行的。基于此，体育教师在开展体育教学活动时，必须以体育教学目标为指导。

2. 激励功能

高校在开展体育教学活动时，必须以实现一定的体育教学目标为前提。体育教学目标确定之后，对体育教师和学生都能产生一定的激励作用。对体育教师来说，当体育教学目标确定之后，会激励其为实现这一目标而全身心地投入体育教学工作，并在工作中始终保持较高的热情，确保体育教学目标能够实现。对学生来说，当体育教学目标确定之后，会激发其参与体育教学活动的兴趣和积极性，这对体育教学取得良好的效果具有积极的意义。

3. 规范功能

与其他学科教学相比，体育教学更为复杂，再加上新课程标准对体育教学提出的新要求，使得体育教学的难度进一步加大。在此情形下，一些体育教师在开展体育教学活动的过程中，很可能出现无法保证体育教学科学性的现象，继而导致体育教学无法取得理想的效果。要避免这种情况发生，一个有效的举措便是让体育教师明确体育教学目标的规范作用，即要求体育教师切实依据体育教学目标选择教学内容、实施教学行为等，确保体育教学的科学性和有效性。

4. 评价功能

在体育教学目标的功能中，评价功能是十分重要的组成部分。体育教学目标的评价功能就是以体育教学目标为标准来评价体育教学活动的效果。比如，足球课程教学的目标之一是让学生掌握与足球运动相关的知识和技能，在评价足球教师是否完成了教学活动时，就需要考虑其所教授的学生是否掌握了相关的足球运动知识与技能。

（三）高校体育教学目标的分类

体育教学目标具有多种功能，人们从各个角度对体育教学目标进行了研究，其中一个角度就是体育教学目标的分类。总的来说，体育教学目标的分类体系是多种多样的。

美国教育心理学家布卢姆根据教育目标的分类对象和应遵循的原则，将教学目标划分为认知、情感和动作技能三个主要领域，每个领域的目标又可进一步细分为若干个层次。

布卢姆的教育目标划分法把认知领域的教育目标按照由浅到深的顺序划分为六个层次：获取、理解、运用、解读、整体和评估；把情感领域的教育目标划分为接纳、回应、对价值的判断、对价值的构建、对价值或者价值系统的个性化五个层次；把动作技能领域的教育目标划分为感知、预备、指导性的回应、机械性的行动、复杂的表现性回应、适应性、创新七个层次。这一体系以外显行为作为教学目标分类的统一基点。

对高校体育教学目标进行分类，必须在一个统一的基点上进行，如教学内容、教学对象都可以作为教学目标分类的统一基点。布卢姆将外显行为视为分类依据。根据认知学科的教育成果，可以通过重新理解和复述等行为来体验知识的获取，同样，所有的智力技巧也能够通过相关的行为来展示。布卢姆的教学目标分类理论具体且可操作，改变了常模参照测验的一贯做法，促成了新教学模式——掌握学习模式的产生，使教学质量得到大幅提高。

（四）高校体育教学目标的设定

体育教学目标是体育教学活动的起点和依据，体育教学目标的设立是体育教学活动的关键。衡量体育教学目标合理与否，应该看该目标能否发挥其应有的作用。体育教学目标不仅是体育教学活动的预期结果，还能对体育教学活动进行调节。体育教学目标一经确立，就会给体育教学活动以积极的影响。当然，这建立在体育教学目标合理的条件下。不合理的体育教学目标会使体育教学活动遭受挫折。高校体育教学目标设立的基本要求包括以下两点：

1. 系统化的要求

体育教学是一个复杂的渐进过程，在进行体育教学活动的设计时，必须完成四个方面的任务：充分分析教学对象；制定明确的教学目标；选用恰当的教学方法和手段；进行有效的教学评价。体育教学目标的设定在这一系统过程中是一个至关重要的要素，居于基础和中心位置。

2. 具体化的要求

这里说的"具体化"，是指对体育教学目标的阐述需要清晰、详尽，并且能够被观察和衡量，避免使用模糊或者不切实际的词语。设定体育教学目标的初衷是解答教与学需要"达到什么"的问题。若教学目标的阐述模糊、不明确，难以被教师理解和掌握，无疑会对"如何进行"——制定教学策略，以及"教学效果如何"——进行教学评估产生负面影响，从而导致教师无法充分利用教学目标的功能，教学成果也将受到严重影响。

二、高校体育教学的规律

（一）学生身心发展规律

教育和教学必须与学生身心发展水平相适应，这是一条基本规律，体育课也必须遵循这条规律。体育课如果要促进学生的一般发展和特殊发展，体育课的目标就要制定得适当，教学方法、手段等也要适当。要达到这一点，必须了解学生的现有发展水平，着眼于学生的"最近发展区"进行教学规划，进而促进其不断发展。

（二）学生生理和心理指标起伏变化规律

在体育教学过程中，学生生理和心理方面都承受着不同强度的负荷，这些负荷会引起一系列生理和心理指标的变化。在体育课的教学过程中，学生在开展听讲、观察、进行身体练习、帮助同伴以及休息等活动时会有不同的方式，这些方式对学生身心有着不同程度的影响，所以学生生理指标和心理指标的变化易呈现出波浪形的趋势，这种高低起伏的变化是体育课教学特有的，是客观存在的。体育课的进行要遵循这一规律，使学生保持合理的生理、心理起伏变化的节奏。

（三）感知、思维和实践结合规律

在体育课上，学生大部分时间都在从事身体练习，运用耳、眼和机体等感官直接感知动作，运用大脑积极思考如何行动，运用机体去协调做动作。其中，直接感知是基础，思维是核心，实践是归宿，这三个环节紧密联系，缺少哪一个都会影响体育课的教学效果。因此，感知、思维和实践结合规律也是体育课必须遵循的规律。

（四）掌握体育知识技能螺旋式上升规律

体育课教学要向学生传授有关的知识、技术和技能等。一种知识、技术和技能在掌握以后，如果不及时强化，就会遗忘或消退，因此应当在后续的体育课中及时复习，使前面学习的知识、技术、技能得到巩固、完善和提高。掌握体育知识技能螺旋式上升规律，也是体育课教学应遵循的一条规律。

第二节　高校体育教学内容及发展

"体育教学内容是体育教学目标与体育教学实施的中介，是体育课程内容的一个有机组成部分。"[①] 体育教学内容是将书面的知识转变为学生的知识储备和运动能力的中间媒介，需要在一定的教学环境中，通过科学的教学方法和手段才能实现。一般来说，可以从以下四个角度理解体育教学内容的含义：

第一，体育教学内容是组织教学的主要来源和主要依据，在体育教学实践中，优秀的体育教学内容实际上是体育教师通过自身对体育文化的研究和对体育运动技能的研究精选出来的。它是以体育教学目标为指引，结合了教师自己的教学经验及专业知识最终确定下来的。

第二，体育教学内容是教师与学生之间进行沟通交流的基础和媒介。

第三，体育教学内容制约着体育教学方法和教学手段的选用。

第四，体育教学内容的选择对体育教学目标的实现也会有一定的影响。

---

① 刘佳，杨辉.体育课程教学论 [M].延吉：延边大学出版社，2017.

一、高校体育教学内容的目标与要求

高校体育教学内容处于不断变化发展中，不同的教学内容取材于人类发展的不同时期，共同的特点是均对现代文明的发展起到积极的促进作用，适用于现代人才的培养过程。对于高校体育教学内容的选择，不同地域的群体之间存在较大的差异性，主要是因为该地域的地理环境、气候条件、民众意识形态以及政治经济发展水平都有很大不同。本书主要结合教学实践的经验对体育教学内容的目标和要求进行相关的探讨，以期为体育教学工作者清晰认识体育教学内容的目标与要求提供一定的指导。

（一）传统体育教学内容的目标和要求

传统体育教学是指用传统的教育方法对学生展开体育运动技能训练的教学。现代体育教学内容虽然由于时代的发展在不断更新迭代，但是传统的体育教学内容在整个体育教学体系中仍然占据不可替代的地位。

1. 体育保健教学内容的目标和要求

体育保健教学内容的目标：教授给学生卫生保健的知识和原理，让学生通过对这些体育知识的学习，对体育教学有一个初步的认识；强调体育对人的成长的主要作用，体育学习对个人、社会和国家的重要意义，从而促使学生自主、自觉地加入体育锻炼的队伍。

体育保健教学内容的设定的要求：以社会发展状况和学生的实际需求为依据，并且要与后续的体育运动的教学实践相呼应。

2. 田径运动教学内容的目标和要求

田径运动教学内容的目标：通过田径运动的教学，让学生了解田径运动的基础理论和一般规律，掌握各项运动的基本原理和方法。这对学生掌握田径运动技能，认识田径运动对身体素质提升的积极作用都具有重要意义。

田径运动教学内容要求：过去的体育教学常常从竞技类运动的角度来分析田径教学内容的作用，新时代背景下的体育教学则要求田径教学的内容设计和组织都应当从运动项目的特点、学生的适应能力、文化背景、技能的运用范围等角度来综合考虑，而不是一味追求运动项目的竞技水平。同时，田径运动的负荷一般都比较大，如果教学设计的负荷超出学生的负荷量，就可能对学生的身体带来危害，为了保证教学和训练效果，应当依据学生的体质和年龄特征对教学内容进行灵活调整。

3. 体操运动教学内容的目标和要求

作为一项重要的体育项目，体操运动之所以在青少年群体中具有极高的热度，主要是因为它操作简便，并且在维持人体各方面的平衡和健美的体型等方面具有非常好的效果。

体操运动教学内容的目标：首先，让学生充分了解体操运动文化，充分理解体操运动对健康的促进作用；其次，让学生掌握体操运动的基本原理和方法，帮助学生在日常生活中通过体操运动达到健身效果；最后，引导学生树立体操运动安全意识，尽量避免其在锻炼过程中发生意外事故。

体操运动教学内容的要求：根据身体体质健康、心理健康和竞技要求等方面设定体操运动的教学内容；注意教学内容的编制要具有一定的层次性，保障学生的运动能力和水平处于稳步上升的状态；注意因材施教，根据学生不同的身体条件开展差别化的专项训练，保证从整体上提高体育教学质量。

4. 球类运动教学内容的目标和要求

球类运动种类较多，主要包括篮球、足球、排球、乒乓球、网球等。球类运动的总体特点是充满激情与动感，而且具有较高的竞技性和趣味性，所以在青少年群体中很受欢迎。

球类运动教学内容的目标：让学生了解球类运动的基础知识和比赛规则；让学生掌握球类运动的基本比赛技巧。

球类运动教学内容的要求：球类运动一般都是群体性运动，因为参与人数较多，赛场上形势瞬息万变，应对的技巧也比较复杂，所以在安排球类教学的时候不能只针对某一项技能进行教学，而忽视了技能在具体竞赛情境中的应用，只有如此，才能使学生更好地掌握球类运动的基本特征和核心要点。此外，应注意教学内容的安排顺序要满足比赛实践的需求，在注重技能训练的同时，着重培养学生的团队协作精神。

5. 韵律运动教学内容的目标和要求

韵律运动是现代女性特别喜爱的一种运动形式，与其他运动形式的最大差别就在于将舞蹈、音乐和运动完美地结合在一起，融合了舞蹈、健美操和健身体操的元素特征。

韵律运动教学内容的目标：使学生了解韵律运动的基本特征，培养学生的节奏感和审美情趣，使其了解韵律运动的基本原则并掌握相关的技巧和套路；通过韵律运动的学习，帮助学生形成健康的心理状态，塑造优美的身体姿态。

韵律运动教学内容的要求：韵律运动是一项具有较强表现性的运动，同时可以塑造形体，对于服装、音乐的选择有较高的要求，因此韵律运动的教学也要着重培养学生的艺术素养和审美意识。此外，通过对韵律运动的学习，学生要学会自己创编新的运动内容，要善于观察、勤于思考，注意自身创新能力的培养。

6.民族传统体育教学内容的目标和要求

民族传统体育是一个民族发展历程的真实写照，能够集中体现民族精神和民族文化。

民族传统体育教学内容的目标：通过对学生讲解传统体育的历史渊源，使学生对我国传统体育有更为深刻的了解，从而激发学生的民族自信心；向学生传授一些传统体育的技能和技巧，既能使学生强身健体，又使学生接受中华民族传统体育文化的熏陶。

民族传统体育教学内容的要求：在编排传统体育教学内容的过程中，要注意与现代性思维、生活方式相结合；在传承体育文化精髓的同时，要考虑传统体育在现代生活中的实际运用。

（二）新兴体育教学内容的目标与要求

当今社会科技高速发展，人们生活水平大幅度提升，各国政治、经济、文化等方面也相应获得了新发展，许多新型体育运动项目也随之兴起并流行开来。

1.乡土体育教学内容的目标和要求

乡土体育是体育教育改革和创新的产物，是由体育教学研究者开发出来的、具有健身效能和浓厚乡土特质的一种新兴的体育课程资源。

乡土体育教学内容的目标：让学生对我国乃至全世界的一些民间体育和民俗风情产生一定的了解，并选择性地学习和掌握一些具有地方特色的乡土体育项目的知识和技能，进而让更多的人了解和学习具有地方特色的体育运动项目和体育文化。

乡土体育教学内容的要求：注意乡土体育内容的文化传播功能，注意锻炼的安全性和规范性，吸取乡土体育教学内容中具有文化意义和健身价值的积极因素，摒弃其中的消极因素和不正确的练习方式。

2. 体适能与身体锻炼教学内容的目标与要求

为了促进学生的身心健康、协调发展，部分具有较强针对性的锻炼方式被引入现代体育教学课堂中。这些锻炼方式与运动项目的技能学习和训练完美结合，对提升学生的身体素质和运动技能起到了很好的促进作用。

体适能与身体锻炼教学内容的目标：通过体适能教学，让学生掌握运动和身体锻炼的基本原则和方法，以此帮助学生更加有效地提升运动技能。

体适能与身体锻炼教学内容的要求：教学要依据学生的年龄特征和体质情况安排运动内容，遵循青少年体育运动的基本规律。教学内容的选择要注意符合国家的相关规定，注意锻炼的科学性和时效性。

3. 新兴体育运动教学内容的目标和要求

新兴体育运动教学内容的目标：通过新兴体育运动的教学，使学生理解流行体育的文化内核，激发学生对体育运动的兴趣，并引导学生理解体育运动对于健康生活的意义，从而提升体育教学的效果。

新兴体育运动教学内容的要求：要考虑新兴体育运动是否符合体育教学的基本要求；注意教学内容的安全性、文化性和实践性，避免出现任何不利于学生身心健康的内容。

4. 巩固应用类课程教学内容的目标和要求

巩固应用类课程教学内容的目标：促使学生将体育运动的基础知识掌握得更加牢固，并能够积极与体育运动实践相结合，在体育运动技能方面获得较大的提升。

巩固应用类课程教学内容的要求：将巩固应用类课程与具体的体育教学内容相结合，并且要对课程内容进行广度和深度上的拓展，同时提示学生该类课程主要的应用范围；鼓励学生对已学习知识进行应用时，充分发挥发散性思维，积极创新。

二、高校体育教学内容的编排

（一）高校体育教学内容的编排方式

高校体育教学内容的编排方式主要有以下两种：

第一，螺旋式编排方式。螺旋式编排是某项运动项目的教学在不同的年龄或学段重复出现，逐步提高。

第二，直线式编排方式。直线式编排是某项体育运动项目的理论学习和身体练习是一过性的、不间断的，一旦学过，就不会再重复。

（二）高校体育教学内容的编排要领

在编排体育教学内容的工作中，要注意以下问题：

第一，充分考虑学生的基础与实际需要。体育教学的对象是学生，因此教学内容的编排必须建立在对学生的身体基础和理论基础有全面了解的基础上，同时还要考虑到学生的实际需求，这样才有可能产生较好的教学效果。与此同时，体育教学难度上的安排也需要进行缜密的规划，既要使学生保持一定的紧张，又不能超出其所能承受的负荷范围。

第二，高度重视不同的体育运动和身体练习的特征。在对体育教学的内容进行编排时，不同运动项目的具体技能要求各不相同，因此需要对具备不同特征的运动项目进行一定的改进，从而使学生在领会运动练习的核心特征的基础上能够灵活运用所学知识。

三、高校体育教学内容的选择

（一）高校体育教学内容选择的依据

1.体育课程目标

体育课程目标是体育教学活动的导向，体育教师可以根据体育课程目标去寻找或筛选合适的教学内容。体育课程目标的设立必须经过专家的多方考证，以确保其科学性和可行性。体育科学化目标具有多元化特征，体育教学内容丰富多样，许多运动项目从某种程度上来说具有一定的共性，因此要对体育教学内容的主要特征进行分析，从中选出最具代表性和最能体现体育教学目标的教学内容。

2. 客观教学规律

第一，选择体育教学内容要注意体育教学的一般规律。也就是说，在各个教学阶段都要选择与学生的年龄、身心发展规律、技能习得的规律及他们的认知发展规律相匹配的体育教学内容。

第二，良好的体育教学效果离不开学生的主动参与和积极配合。对于大学生而言，在遇到自己感兴趣的、喜欢的内容时，他们的学习热情会大大增强，同时学习的效率会倍增。因此，体育教师要充分利用这一点，在体育教学中加强师生互动，添加一些趣味性元素，同时要注意采用多样化的方式进行教学。

3. 学生发展需要

体育教学的对象是学生，高校体育教育的意义在于学生的身体素质和认知能力都能在教学过程中获得相应的发展。体育教学内容的选择，要考虑学生的喜好和适应性，将学生的切实需求与趣味性相结合，设置学生乐于接受的体育教学内容体系，促使学生的体育素质获得全方位的提升。

4. 社会发展需要

学生的个体发展不可能脱离社会发展的实际状况而独立存在。因此，在选择体育教学内容时，除了考虑学生在健康方面的需求，还应将社会发展的客观需求纳入考虑范围。社会是实现个人价值的归属地，体育教学内容必须有鲜明的时代性，体育教学工作者要能够清楚地洞悉社会对人才需求的变化，并由此选择与之相适应的体育教学内容，以此提高学生的社会适应性。

（二）高校体育教学内容选择的原则

1. 教育性原则

第一，从教育育人的基本观点出发，合理选择体育教学内容。

第二，将"健康第一"的思想落实到体育课程目标的设定和体育教学内容的选择上。

第三，重视体育教学内容能否体现积极向上的、优秀的文化内涵，使学生在获得体育运动技能提升的同时，可以在文化修养方面有所提升。

第四，考虑体育教学内容产生的效益是否具有均衡性和全面性。该原则主要是指体育教育要促进学生的智力水平、思想品德、身体素质等方面的全面发展，同时还要注意不同年龄和不同学段学生的身心发展特征以及学生之间的差异性特征。

第五，体育教学内容选择还要与社会发展、主流价值观相一致，这将有利于学生的发展呈现出社会性和时代性。

2. 科学性原则

科学性原则对体育教学内容的选择至关重要，能够对体育教学质量的高低与学生发展的快慢产生不可估量的影响。

第一，体育教学内容必须对学生的身心发展都有积极的作用。如果一个体育项目对学生的思想有消极的影响，那么，即使它的健身价值再大，也不能被选入体育教学内容。

第二，体育教学内容应当能够培养学生科学锻炼的意识，并使其对科学锻炼的原理和方法形成一定的认识。有了健身意识和科学锻炼的理论指导，学生就会自觉参与体育锻炼活动。

第三，注意选择、设计科学的体育教学内容。

第四，体育教学内容的选择应当与高校的师资和硬件设施等客观条件相结合。

3. 趣味性原则

兴趣是提高学习效率最好的帮手，可以说，兴趣是决定学生体育学习效果的主导性因素，因此体育教学应当突出趣味性。

第一，有的体育教学内容过于强调竞技水平，应当被摒弃或改良。不可否认的是，多数竞技项目具有较高的健身价值和教育价值，但是如果一味地用培养专业运动员的方法来进行日常的体育教学，就会使学生对体育课产生抵触情绪。

第二，引导学生培养多样化、方向性的运动兴趣，为学生的多元化发展准备必要的条件。

第三，充分考虑学生的喜好，尽量选择有一定趣味性的教学内容，同时还要积极选用游戏、竞赛、角色互换等多样化的课堂活动来开展教学。

4. 实效性原则

实效性原则是指教学内容的选择要精简易行且能够带来较大的实际教学效

果，同时能够促进学生的身心健康发展。

第一，教学效果要讲究实际，杜绝照本宣科的本本主义。在体育教学改革的进程中，要重视体育教学的实践需求，要着重提升体育教学的实际效果。

第二，体育教学内容要具备娱乐性。体育运动项目种类繁多，五花八门，体育教师在进行甄选时要注意时下流行什么、哪些项目是受青年学生喜爱的、是否具有较高的健身价值和教育意义，只有注意这些问题，才能将体育教学与学生的生活联系起来，进而有效地促使学生形成正确的、积极健康的体育观。

5.适应性原则

适应性原则的根本要点是体育教学内容的选择要因地制宜。不同地区的地理环境、气候条件、文化习俗、经济发展水平存在一定的差异，这使得学生对体育教学的目标内容的诉求不一样，因此需要区别对待，以实现体育教学效果的最优化。

6.民族性与世界性相结合原则

体育教学内容要体现民族性特征，同时也要与世界体育发展理念和发展趋势完美对接，这样才能把我国建设为名副其实的体育强国。

我们要以客观的眼光看待事物，既不能对自己民族性的东西盲目自信，也不能对舶来品盲目崇拜。当今体育教学的宗旨是，既要跟上世界发展的潮流，又要体现民族的特色。这就需要我国在保持中华传统体育优秀部分的同时，选择性地吸收和借鉴国外体育教育课程中的精华部分，从而形成具有时代性、先进性和中华民族特色的体育教学内容。

（三）高校体育教学内容选择的过程

1.评估体育素材的价值

体育教师平常要多关注社会的发展和变化，以便在选择体育教学内容时考虑社会的生产和科技、教育等方面的发展对人的影响，以及人们在体育健身方面的需求较之过去发生了哪些变化，然后以此为基础对已有的体育素材进行具体分析。需要注意的是，选择合适的体育教学内容需要进行科学的论证，要看其是否能促进学生的身心健康发展、是否能激励学生自主进行体育锻炼、是否能提升学生的思想意识水平，然后依据所选内容开展体育教学活动。

2. 整合运动项目与练习

体育运动项目种类繁多，运动的形式也各式各样，对人产生的作用也有所差异。基于以上事实，在实际的体育教学中，体育教学内容的选择必须在高校体育教学目标的基础上，分析各个体育运动项目对学生身体机能和体能素质有哪些方面的促进作用，以及其中的原理是什么，然后将侧重点和功能不同的体育运动项目进行整合、筛选、加工，进而形成具有全面促进学生身体素质的体育教学内容。

3. 选择体育运动项目

事实上，大部分体育运动项目都适合作为高校体育教学的素材。问题的关键在于怎么对这些体育内容素材进行选择和组合，才能在有限的时间和空间内发挥出体育教学最大的效能。高校体育的教学内容拥有巨大的可选范围，要在教学时间内完成全部项目的教学是不现实的，这就需要在高校客观条件和学生全面发展需求的基础上，选择那些具有代表性的体育健身项目作为教学的重点内容。

4. 分析所选内容的可行性

想要选好体育教学内容，就需要对地理环境、气候特征、体育场馆、器材设施等方面进行全面考察，并分析体育教学内容的可行性，从而制定出与之对应的弹性实施策略，以便在可控的范围内完成体育教学内容的实施，保证教学质量。

四、高校体育教学内容体系的构建

（一）高校体育教学内容体系的构建设想

与以往的体育教育相比，新的体育教育在课程目标的设置上做了一些创新，更加重视各阶段教学内容的连贯性、知识难度的循序渐进和体育知识的系统化。例如，在球类与体操学习目标的表述中，水平四到水平五学习目标的主要变化为，从"基本掌握"和"基本完成"到"较为熟练地掌握"和"较为熟练地完成"。但是，如果是不同类的球类项目或者是不同类的器械体操，要想通过采用"大循环"排列方式实施体育教学内容实现水平四到水平五的进阶发展，就会显得十分困难。这是因为"大循环"的方式难以保证各阶段教学水平和学习效果的一致性，所以无法保证不同项目的学习都能获得比较理想的效果。

高校要想使每个学生都通过高校体育课程的学习掌握一到两门体育运动技能，就必须科学地选择教学内容，还要注意教学内容安排的全面性、专业性和系统性。具体而言，就是要按照国家的要求，根据本地区的实际情况和学生的实际需求与爱好，分年级、分层次地实施体育课程教学。在教学方法的选择上，要注意灵活性与严谨性相结合，既要充分调动学生的学习积极性，又要井然有序地开展教学活动，以实现既定的教学目标，最终使学生能够逐步地掌握整个运动项目的理论与实践方面的学习内容。

（二）高校体育教学内容体系的构建框架

1. 高校体育教学内容体系具有明确的逻辑

体育的教学内容和教学目的是紧密联系的，在制定体育教学内容时，必须坚持以教学目的为主导，并根据对应的体育课程教学目标的分阶段需求来进行，这是因为课程目标的阶段性特征和其内在的逻辑性会对不同阶段的体育教学内容产生重大影响。根据学生的认知水平发展规律，学生由低年级到高年级的体育课程学习目标是循序渐进的，所以其教学内容的设置也应当由少到多、由易到难、由表层到内在。

高校体育教学内容体系构建的逻辑性就是要以科学化的体育课程目标为指导，充分遵循学生的学习认知规律、机体适应规律、动作技能发展规律等客观规律。尤其要注意的是，体育课程内容要与学生身体发育过程中不同的体能素质发展的敏感期特征相适应，抓住发展体能素质的最佳时期，提高学生的身体素质和运动技能水平。

2. 高校体育教学内容体系构建的基本框架

体育教学内容多种多样，从表面来看似乎是杂乱无章的，但是如果对其进行深入观察和研究可以发现，所有优质的、合理的体育教学内容，其内部都是有逻辑的。体育教学的实质就是通过对体育教学内容各要素，如学生对学习的兴趣、运动技能所需的基本动作的储备、学生自身的学习和思考能力、训练强度和训练时间等方面的控制，来提升各阶段学生对学习内容难度的适应性，进而在整个体育学习进程中，使学生的体育知识和技能以及学习能力都不断发展，同时通过对教学内容各要素的控制最终达到提升学生综合能力的效果。

（三）高校体育教学内容体系的构建说明

1. 三类体育教学内容的相互关系

体育教学的三大内容是指基础类技术体育教学内容、提高和拓展类体育教学内容、终身体育教学内容，三者是从基础到提高的递进式关系。通过对三类体育教学内容的逻辑性分析，邻近的两个内容之间既有基础性提高又有技术性提高的关系，所以在为不同年龄段的学生选择体育教学内容时，应充分考虑这一因素。

2. 体育教学内容体系构建的基本要求

要提高学生对体育运动技术的掌握程度，为践行终身体育的理念准备必要的技能基础，有效提升学生参与体育运动的实际效果，就要注意体育教学内容的完整性和系统性。具体应做到以下三个方面：

第一，有明确的目标。根据国家对体育教学课程管理的要求制定切实可行的课程目标，使课程目标与开展高校体育课程的思想相契合。

第二，有科学的规定。在选择和规定体育教学内容和运动项目时，应当充分考虑地域性因素，如当地流行和擅长的体育项目、当地传统体育的特征和优势，同时还要考虑与国家体育倡导的发展方向和发展理念的结合。

第三，有一定的灵活性。从学校的层面来讲，应根据学生的学段和体育运动学习的规律性进行选择，同时要尊重运动项目的技术逻辑性和教学的规律性，灵活选择体育教学内容，安排丰富多样的学习内容，这样既能保证学生学习的积极性，又能达到预期的教学效果。

（四）高校体育教学内容体系的创新化

社会发展日新月异，高校体育教育也要与时俱进。在社会发展的新条件下，高校体育教学内容越来越重视与学生日常生活之间的联系、与社会发展需求相一致，这同时对体育教学内容的丰富性与实效性提出了越来越高的要求。一般来说，创新化的体育教学内容体系应当包括身体教育、保健教育、娱乐教育、竞技教育和生活教育五个方面。

第一，身体教育。身体教育是体育教育的重要方面，其主要目的是提高机体的各项基本活动能力和人体的身心健康水平。身体教育体现了高校体育是为学生的体质健康服务的本质特征。基于"健康第一"的体育教学指导思想和理念，高校体育教学越来越重视学生的健康水平，尤其注重其身体的发育和发展以及力量素质、耐力素质及柔韧性等与体质健康密切相关的运动素质的发展。

第二，保健教育。保健教育是与学生的健康密切相关的教育，具体是指教育学生学会在体育运动和生活中保护自己的安全、维护自身的健康状况，其中涉及一些生理、保健、运动处方等方面的知识。将保健知识融入体育教学，能为学生的健康成长增加一道坚实的屏障。

第三，娱乐教育。娱乐教育是体育教学内容体系发展与完善的又一重要内容，娱乐教育旨在提高学生参与体育学习的兴趣和热情，调动学生的情绪，从而提高学生的学习效率和学习能力。同时，它是"以人为本"核心教育思想的重要体现，值得广大体育教育工作者关注。娱乐化的体育活动能为社会生活增光添彩，与人们的生活紧密相连，因此受到人们的普遍欢迎。每个民族、每个地区都有着独特的、丰富的娱乐体育活动，因此为娱乐教育提供了丰富的资源。常见的民族和民间娱乐体育项目有许多，如武术、太极拳、踢毽子、抖空竹、荡秋千等，这些项目不仅丰富了高校体育活动内容和体育课程资源，将其发展为学校娱乐教育项目，还可以促进我国传统体育文化的传承与发展。

第四，竞技教育。竞技教育是指以专项运动项目为主要内容的体育教学。作为体育文化的重要组成部分，竞技体育有着不可替代的积极作用，主要体现为：培养学生对体育运动的兴趣，增进学生的体质健康，培养学生坚强的意志品质，增进学生竞争、合作的意识与社会责任感等。但是在一般的体育教学中，不能不加思索和变通就将对运动员的要求直接生搬硬套到学生身上。对于非体育专业、非运动员的学生要区别对待，根据学生的实际情况对体育教学内容进行改造和优化，从而促进学生运动技能的提升和全面发展。

第五，生活教育。生活教育主要指野外防卫训练、户外拓展练习、冒险教育及健康生活的相关教育。人们的生活深受社会发展的影响，城市化发展带来了越来越好的物质生活条件，但同时也给人们带来了精神压力，人们渴望通过回归自然、亲近自然获得身心的放松和愉悦。而随着这种追求的不断升级，对人的综合知识又有了更多的要求，于是许多与生活教育相关的新型体育教学内容应运而生。当前，我国高校体育教学中的生活教育还没有大范围地普及，但是随着社会的进一步发展，以及体育教育改革的持续深化，生活教育在未来的高校体育教学中所占的比例必然会逐渐增加。尤其是具有冒险性、趣味性和实用功能的野外生存和拓展训练，将作为生活教育的重要内容，在未来的高校体育教育中得到推广。

五、高校体育教学内容的开发与发展

（一）高校体育教学内容的开发

1. 高校体育教学内容开发的意义

教学内容的开发将对整个教学过程产生十分重要的作用，具体表现如下：

（1）使体育教学内容体系更丰富

开发体育教学内容不仅能极大程度地保障体育教学目标的有效实现，还能确保学生在未来实现全面发展，成为对家庭、对社会、对国家有用的人。针对高校体育课程内容进行开发，可进一步丰富、拓展和充实体育教学内容体系，促进体育文化的传递、创新和发展。

（2）对体育教师的专业发展起到促进作用

事实上，开发高校体育教学内容的实际过程，也是体育教师不断提高自身专业素质、积攒教学经验的过程。

高校体育教学内容的开发程度和范围势必会对体育教师的专业化程度以及水平产生重要甚至是决定性的影响。在教育改革持续深化的今天，素质教育倡导要注意学生的全面成长，体育教学深受其影响，在内容的安排上要更丰富、更全面。因此，当下对于高校体育教学内容的开发，应大胆突破传统体育教学的思维定式，将体育教师的能量更充分地释放出来，使其得以真正成为体育教学的主导者。

（3）培养学生的创新能力

对于现有的体育教学内容大胆地进行开发、开拓和延伸是一件极其有益的事情，除了可以极大程度地培养学生参与体育运动以及学习的兴趣，还可以使学生以极高的热情投身到这一过程中。丰富并开放的体育教学内容可以以极其丰富的形式和手段为学生打造良好的学习环境以及氛围，使学生在感官、信息以及思维上获得刺激，可在自身主观意愿的驱动下积极主动地投入体育学习中，在逐步理解以及掌握体育知识、技能的同时，培养吃苦耐劳、不畏艰辛的高尚情操。高校体育教学内容的开发，还可以改变学生的学习方式，引导学生主动探索体育理论以及技能中蕴含的奥秘。高校学生作为教学主体，其对体育的兴趣、知识、技能等均是体育教学内容资源开发的有机组成部分，倘若学生能够以主动、合作、探究的方式走进体育课堂，将对学生的实践以及创新能力的培养十分有益。

2. 高校体育教学内容开发的目标

高校体育教师在开展高校体育教学的过程中，一定要注意考虑周围的影响因素，并将其充分利用起来，引导学生在参与和学习的过程中逐渐提高探索、发现、分析、解决问题等方面的能力。体育教师一定要注意分清主次，在考虑成本的基础上，将那些有利于学生实现终身发展的体育教学内容放在首要位置。体育教师要以一种开放的态度不断学习新知识，充实自己，提高信息的吸收、加工、存储、应用能力，进而敢于对体育教学进行创新。学校通过对高校体育教学内容进行开发，不仅可以培养学生运动的兴趣，提升学生的运动能力，还能使学生实现身心健康发展，增强社会适应能力，进而为我国社会培养出高素质人才。

3. 高校体育教学内容开发的主体

第一，体育专家与学者。目前，进行体育教学内容开发的人员主要是我国体育教学领域内的专家和学者。他们凭借较高的专业水准以及丰富的经验，对我国体育教学领域现存的问题有着较为深刻的理解和认识，这些问题的解决也同样有赖于其经验以及专业素养。

第二，体育教师。在教学过程中，体育教师既是教学内容的具体实施者和操作者，也是体育教学内容开发的主导者。在开发教学内容时，体育教师除了需要充分利用体育教材、高校体育设施条件和课外体育活动资源，还需要实地调查学生的需求，并以此为依据，指导后续工作的开展。

第三，学生。学生这一群体作为体育教学中的参与主体，对实现体育教学目标有着决定性意义。在开发体育教学内容的过程中，不管是学生的身体素质，还是学生的运动技能水平，抑或是学生的体育兴趣等，都有重要影响。此外，学生采用的学习方式也会在相当大的程度上影响体育教师选择以及开发体育教学内容。

4.高校体育教学内容开发的途径

（1）改造竞技体育项目

开发或者革新高校体育教学内容，势必要对竞技体育项目加以改造。值得注意的是，以体育教师为代表的相关人员在改造该项目时，一定要基于体育教学的独特特点、规律、目标与要求来进行，使其可以与体育教学内容的特点以及条件相协调，成为学生喜欢的体育项目。

（2）改造新兴运动项目

在国际大众体育持续发展的今天，更多国际流行的新兴体育项目涌入我国，这些项目不仅新颖，而且趣味十足，可以很好地满足高校学生的实际需求。高校引进这些新型运动项目，势必会为高校体育教学注入新活力，使体育教学在内容上花样更多，更加能够满足学生的实际需求。要特别注意的是，上述所说的新兴运动项目通常都源于西方发达国家，因此对于运动设施和场地条件具有特别的要求。针对这类新兴项目，体育教师在改造时一定要基于高校自身的场地、器材条件，以及现代新兴运动项目设定的运动规则、原理及方法，对教学内容进行设计，使其可以和高校体育教学融合，从而更具适用性以及实效性。

（3）改造民族传统体育项目

不管是蒙古族的摔跤、藏族的歌舞，还是维吾尔族的舞蹈等，均是我国历史积累下来的宝贵财富，深受广大人民群众的欢迎。在开发高校体育教学内容时，体育教师应该积极主动地对民族传统体育项目进行改造。

（二）高校体育教学内容的发展要点

现如今，我国越来越重视对高校体育教学内容的挖掘、革新以及应用。具体来说，各个高校可从以下方面入手：

1.注入终身体育的理念

随着生活水平的提高，人们愈发重视健康，体育运动在此理念的作用下越来越受人们的欢迎，甚至可以说已经成为人们生活的重要组成部分。终身体育这一理念已经深深地扎根在人们的生活中，成为人们的重要认知。高校体育教学同样应该坚持终身体育这一理念，以此来引导学生在体育技能的学习过程中建立起终身体育的意识。终身体育这一目标能否实现，主要取决于学生在参与体育活动的过程中所需具备的技能、知识以及态度。在挑选高校体育教学内容时，体育教师一定要重视选择那些带有终身参与性质的运动项目，重点教授其运动方法和文化，引导学生对体育形成强烈的兴趣，进而养成终身体育的习惯。

2. 重视学生的主体性

现在，越来越多的学者和教育工作者已经转变观念，开始根据学生的实际需求来安排教学内容，高校体育教学内容也因此越发科学合理。

3. 重视学生发展的全面性

在教育改革逐渐深化的背景下，素质教育已经成为一个不可逆转的发展方向，现代高校承担着促使学生实现全面发展的重任，体育教师一定要基于素质教育对高校体育教学内容加以选择与确定，从而确保学生更好地实现全面发展，使素质教育的目标真正得到践行。

（三）高校体育教学内容的发展趋势

1. 教学内容的学段分化和教学需求化发展

新时期，高校体育教学内容的选择有所不同，更加偏重教学内容的科学性。体育教师在选择之初便会对教学内容进行多方面的考虑，除了关注教学客观条件，还会关注不同年龄段以及不同性别学生的体育学习需求。

2. 教学内容更强调学生综合素质的提升

在"以人为本""健康第一""终身体育"等教育理念的影响下，侧重于关注那些有利于学生身心健康、全面发展的内容，在设定教学目标时也围绕这些内容进行设置。具体来说，现代体育教学除了关注学生身体能力的提升，还关注学生心理素质、智力以及社会适应能力等方面的提高。

3. 教学内容更注重学生养成终身体育习惯

在现代体育教学中，教师更加重视培育以及提升学生终身体育的知识、技能，以期学生能够实现长远发展。在现代背景下，不管是教授体育教学内容，还是传播体育教学内容，其最终目标都并非保证学生的竞技水平得到提升，而是服务于学生的终身体育。依照终身体育教育教学总目标，在选择体育教学内容时应将健身性、运动文化传递性和娱乐性三者之间的关系协调好，使其更加贴近学生的生活，从而为学生的体育参与提供指导。

第三节　高校体育教学的主要原则

"原则"一词在汉语中通常指观察问题、处理问题的准绳。在教育理论领域，一般将教育原则视为教育的基础需求和引导纲领。这些原则能够引领整个教育流程：首先，教育原则是引领教育行动的起始点，教师需要依照这些原则来规划全部的教育流程；其次，教育原则是执行教育的总调度者，在全部的教育流程中，教师需要依据这些原则调整、管理教育行动；最后，教育原则是评估教育品质的基础准则。教育品质基本上取决于教育原则的执行情况。因此，每个教师和教学管理者都必须掌握根据教学论确定的一系列教学原则。

高校体育教学原则是高校实施体育教学最基本的要求，是保持高校体育教学性质的最基本因素，是评估高校体育课的品质的根本准则，也是在开展高校体育课时需要遵循的规定。这些规定构成了高校体育课的指引方针与基础需求，它们在高校体育课的实施过程中起到了引领作用。在高校的体育课堂中，体育教学的原则不仅作为起始的基础，也起到了调控的作用。这些原则在某种程度上确实影响了课程的设计、教学手段的挑选以及课堂组织模式的应用。掌握并理解体育教学的基本原则，可以帮助教师根据体育教学的实际情况安排教学活动，并且能够使其准确地处理涉及教学内容、教学手段以及教学组织模式等方面的理论和实践性问题。如果能够坚持遵守体育教学的基本原则，那么就可以提升体育教学的品质；相反，如果违反了这些原则，那么教学的成效将会大打折扣，甚至完全消失。

高校体育教学原则整体功能的发挥，不是某个单独的原则能够完成的，而是需要一个科学、完整的体育教学原则体系。只有建立一个科学、完整的体育教学原则体系，才能发挥体育教学原则对整个体育教学过程的指导作用。

一、自觉积极性原则

自觉积极性原则就是在教师的指导之下，使学生最大限度地激发自身的学习热情，让他们能够充当主角，提升学习的积极性和创新精神，并将严肃对待学业的态度转化为自我驱动的行为。它是由教师的教与学生的学的双边活动过程的教学规律决定的。师生关系是体育教学过程中的一对基本矛盾，矛盾的主导方面是教师。由于教师的身份是教育工作者，拥有深厚的体育理论、专业技巧以及丰富的经历，所以可以很好地满足优秀学生的培养需求。在执行教学策略的时候，教师的引领角色至关重要，这种角色不只体现在策略的设立与落地上，也反映在对教学流程的管理与监督上。

学生作为教学的对象，是知识和技术的获取者，也是学习的核心。然而，他们的学习积极性并非完全由他们自身驱动，而是依赖于教师的引导、教导、调整和管理。当学生具备了学习和实践的积极性，能够主动地进行自我管理和调整，并且与教师的管理和调整相协调时，才能确保达成预设的教学目标。因此，要在体育教学的过程中，将教师的引领角色和激发学生主动学习热情的任务有效地融为一体，最终提升教学品质。执行并实施自觉积极性原则的具体规定如下：

第一，了解并掌握学生的情况。教师需要对自己所教授的学生的总体情况有深入的了解，他们的兴趣、需求、专长、存在的问题以及不足之处都应该被明确，这是教师进行优质体育教学的基础。然而，真正理解学生并非易事。在全面掌握学生情况的过程中，教师担任着核心角色。作为师生关系的领导者，如果教师不主动去理解和接触学生，那么学生就无法建立起对教师的信任。只有当教师"了解人""了解面""了解心"时，才能够激发学生的积极性。

第二，教师的引领作用是必不可少的。学生的主动性并非完全由他们自身产生，而是需要通过一系列的精心策划来充分激发。因此，要想激发学生的积极性，教师的引领作用就显得尤为重要。教师的引领作用体现在教学过程中，如教师通过解释、示范、组织教学等方式，将学生引入所教授的课程。除此之外，教师的引领作用还体现在为学生提供和创造一个优良的环境上，环境的营造能够使外部因素顺利且迅速地转化为内部因素，由此激发学生的主动性。

第三，构建公正、和谐的师生关系。在体育教学过程中，教师需要身体力行地教导学生，既要对学生有严格的要求，又要充满热忱地关心和信任他们，以此保持与学生之间的和谐关系。这种优秀的师生关系，有助于学生积极参与到体育教学中。

第四，要重视激发学生的内在学习热情。这种热情能够驱动学生的学习。作为教师，需要持续提升教学的艺术性和启迪性，以此培育学生正确的学习动机和浓厚的学习兴趣。动机是所有行为的基础，也是激励学生学习、锻炼的心理支柱。唯有当学生建立起正确的学习驱动力，他们的主观能动性才会得到充分发挥。

第五，提升学生自我学习、自我训练以及自我评估的技巧。这些技巧对于培养学生的体育锻炼习惯，以及塑造学生的终身运动观念至关重要。教师需要为学生的自我学习、自我训练以及自我评估技巧的提升和进步营造一个优质的外部环境，从而让学生可以自由地、充满活力地、积极地进行学习和锻炼。

二、直观性原则

直观性原则是要充分运用各种直观的方法和学生已有的知识，引导学生利用感官去理解事物，培养他们的观察力和积极思考的能力，使他们获得直接的经验和感性的认识，从而为他们掌握体育知识、技术和技能打下坚实的基础。

直观性原则的确立基于辩证唯物主义的理解法则。这一法则要求对现实的理解应从具体的直观到抽象的思考，再从抽象的思考到实践。所有知识的起源，都取决于人的感官对现实世界的感知。在进行体育教育时，学生对体育的理论、技巧和能力的学习同样需要从直观的理解出发。我们需要让学生去感受学习的动作（包括触觉和本体感觉的感知），并在这个感知的基础上构建出全面且准确的动作图像和理论，以此为他们掌握体育的知识和技巧打下坚实的基础。执行并实施直观性原则的具体规定如下：

第一，引导学生利用全身的感官对体育教科书进行理解，进而扩大直观效果。在体育教学过程中，学生不仅需要借助视觉、听觉去理解动作的具象性、结构性和重点，也需要借助触觉和肌肉的实际感受去理解动作完成时肌肉的用力强度、方式，以及空间和时间的联系等。

第二，尽可能地利用教师对学生的直观作用。教师的所有行为都是学生观察的焦点，尤其他们的动作展示、言辞表述等，都是学生获取直观感知的主要途径。鉴于学生的模仿能力极强，被其模仿的教师应当提升自我素质，增进体育理论知识和运动技巧，注重动作技巧展示的精确度和规范性。

第三，利用各类直观教学工具和方法。通过使用各种现代化的教育工具，如模型、图片、幻灯片、录像、音频、电影等，实现直观的教学效果。

第四，指导学生进行观察并刺激他们主动思考。学生对直观性的感知是通过观察具象化的动作来实现的。在教师的引领下，学生可以通过分析、对照正在学习的内容和已经学习的内容，识别运动行为的技巧框架，寻找行为技巧的核心，清晰地划分正确行为与错误行为的边界，进而塑造出运动行为的准确形态。在这一过程中，学生应避免普遍地观察和简单地模仿。

此外，选择运用好各种直观位置和把握使用时机，也会取得良好的直观效果。

三、因材施教原则

在教学过程中，体育教师应遵循因材施教的原则，既要对所有学生提出统一的标准，又要根据班级和学生的个体差异进行区别对待。如此一来，集体教学和个别指导就能相互结合，从而使每个学生的才华和特长都能得到充分的发展。

因材施教原则的确立基于学生身心成长的实际规律和个体发展的不均衡性。相同年级和年龄段的学生在身心成长方面有着相似之处，因此教师可以为他们设定统一的体育教学标准。然而，相同年级和年龄段的学生在身心成长也存在个体发展的不均衡性，如他们在身体形态、身体素质、运动技能、兴趣爱好、运动项目特长等方面都有所不同。由于这些差异的存在，教师需要区别对待不同的学生，实施个性化教学。实施和应用因材施教原则的具体规定如下：

第一，对学生的基本状况和个性特征有深入的了解，这是实施个性化教学的根本。教师需要通过调查研究全方位掌握班级学生在体育知识、兴趣爱好、思想道德、健康状况、体育基础、身体成长等方面的情况。只有找到他们的相似之处和不同之处，教师才能运用有针对性的教学方法因材施教。

第二，面向全体，兼顾两头。教师需要将重心集中在所有学生的整体进步上。在设定教学方案、设立教学目标时，应当考虑大部分学生的进步空间。同时，也需要兼顾两头，对于那些身体素质优秀、体育技能较好的学生，需要为他们提供特殊进步的环境，让他们参与课后的体育活动，以此为提高专项成绩奠定基础。对于身体虚弱或者体质较差的学生，需要给予他们热忱的关怀和耐心的援助，以使他们能够在现有的基础上逐渐提升自己的能力，完成教学要求。

第三，根据实际情况进行教学。在执行因材施教的原则时，也需要考虑实际情况。地理环境、季节变化以及场地设备条件都会对体育教学产生影响。在设定教学目标时，教师不仅需要考虑教材内容、学生的特性和教学方法，还需要考虑上述各个方面的实际情况，只有这样，才能更有效地落实因材施教原则。

四、身体全面发展原则

身体全面发展原则主张在进行体育教学时，应当对教材内容进行广泛且多元的挑选和布局，以促进学生身体各个部分的功能、各类身体素质以及基础运动技巧的全方位提升。

基于青春期的特点，以及人体是在大脑皮层的统一调控下的完整且一致的生物体的理论，体育教学应当坚持身体全面发展原则。青少年的身体正在经历生长和发展的阶段，具有巨大的潜力。在体育教学过程中，多样化教材的选择，多种高效教学方法的运用，不仅对学生的全方位锻炼以及身体各部分功能的协调发展都非常有益，还能使学生培养出正确的身体姿态。如果持续进行单一的、局限的训练，就可能无法达到预期的训练效果，甚至可能导致异常发展，对学生的健康产生负面影响。人体是一个完整且一致的生物体，其各个器官系统的功能、各类身体素质以及基本的活动能力都是相互关联、相互限制和相互推动的，某一方面的进步会对其他方面的进步产生影响。因此，只有在身体接受全方位锻炼的基础上，才能推动学生的全面和协调发展。以下是实施和应用身体全面发展原则的基本要求：

第一，严格执行教育大纲（或课程准则）设立的目标与规范。深入研究并理解教育部发布的体育教育大纲（或课程准则）的含义，严格遵循教育大纲设立的目标与规范。在规划一整年的教育任务和教育步骤时，需关注教科书与评估项目的适当组合，确保学生进行全方位锻炼。

第二，身体全面发展原则应贯穿于教学过程的每一个环节。课程的预备阶段，应科学且合理地配置预备内容，最佳的方案是以活动全身各部位的肌肉、关节和韧带为主，让全身各部位得到充分的伸展，以便为达成课程目标做好准备；课程的进行阶段，应当既涉及对上肢的练习，也涉及对下肢的练习，以便学生全面、协调地锻炼和发展身体；课程的结束阶段，应以全面发展身体为目标，进行多样化的练习。另外，需要安排好休息活动，并分配好课后的体育任务，有序地结束体育课堂。

第三，转变仅基于兴趣的教学方式。在体育教学过程中，我们需要引导学生寻找并享受学习的乐趣。通过各种方法和策略去激发并调动学生的学习热情是非常重要的。需要明确的是，引导学生的学习热情并非仅基于兴趣。一味地将学生的兴趣作为教学的核心，违反了体育教学身体全面发展的原则。学生喜欢什么，教师就教什么，长期偏颇地满足学生的兴趣，会对学生产生负面影响。教师需要加强指导，让学生充分理解教师对教学内容的选择。

五、合理分配生理负荷和心理负荷原则

负荷包括生理负荷和心理负荷两部分。在体育教学中，我们需要合理地分配这两种负荷，使学生能够适应并承受，同时保证练习和休息的有效交替，推动学生身心全面发展。

该原则的确立基于学生在体育课程中身心负担的变动模式。根据这种负担的变动模式，我们可以得知，只有在适当的负担刺激下，人体的功能才能得到优化和提升。在某一范围内，身体负担越重，恢复的效果越好，对变化的适应性也越强。但如果超出了这一范围，身体的功能就可能遭受破坏；反之，如果身体负担的刺激强度过低，对身体功能的发展也不会产生好的影响。由此可知，在学生注意与情绪最佳时区内安排他们学习、掌握各类知识和技能往往能够取得较好的教学成果。实施和应用合理负荷原则的基本要求如下：

第一，在设置生理负荷时，应根据教学目标、学生特性和教材性质等因素进行合理的安排。学生的性别、年龄和健康状况各不相同，因此在安排生理负荷时需要注意区分对待。教材性质也应该被考虑，以便科学地规划相应的身体训练。此外，在规划生理负荷时，也需要全面考虑学生的生活方式、营养状况以及其他体力活动的压力，还有所在地区的气候条件和作业环境等因素。

第二，妥善处理生理负荷的数量和强度的关系。在处理生理负荷的数量和强度的关系时，应该让负荷的数量和强度相互协调。在体育教学过程中，通常是先增加负荷的数量，待适应后再增加强度。当增加负荷数量时，应适度降低强度；当增加负荷强度时，应适度减少数量。只有做到数量和强度的交替增减、紧密协同，才能逐渐提升学生的负荷能力。

第三，妥善管理生理负荷的外观数据与内在数据的联系。外观数据代表的是

运动训练的数量和强度，内在数据则是由负荷的数量和强度导致的一连串的生理、生化改变。通常来说，生理负荷的外观数据和内在数据是相同的。然而，由于学生的身体素质和训练水平各异，二者也会出现不一致的情况。因此，在研究生理负荷的过程中，我们需要将外观数据与内在数据结合起来进行评估和判断。

第四，妥善规划心理负荷。在规划心理负荷时（注意力、情绪和意志三个层面），既需要与教学进度相关联，也需要与生理负荷相协调。

第五，科学规划休息的方法和时间，依据身体和心理压力的特性，科学地规划休息的方法和时间，以实现最佳效果。

第六，完成身体和心理压力的测量、统计和分析任务。在评估体育课的品质时，既要进行身体压力的测量，也要进行心理压力的测量，以便从身体和心理两个层面进行全面的客观评估。

六、循序渐进原则

体育教学的内容、手段以及负担的安排应当遵守循序渐进原则。需要在保证系统化教学的同时，考虑学生的年龄、性格等因素，以便让他们能够循序渐进地获得成长和进步。

按照循序渐进原则，我们可以认识事物的运行规律、动作技巧的形成规则，以及知识和技术的系统性和连贯性。在体育教学过程中，我们必须遵循由简单到复杂、由已知到未知、逐步深化的原则，这样才能帮助学生更好地掌握体育的知识、技术和技能。执行和实施循序渐进原则的基本要求如下：

第一，提升教师的专业修养。教师需要提高个人的知识水平，深入理解学生身心成长的普遍规律，并且掌握所有课本的整体结构，同时理解课本之间的联系。

第二，编写适用的教学资料。编写出具有实际操作价值的教学资料，确保教育活动有序推进。在编写教学资料的过程中，应当有序地衔接所有的体育活动、体育课程以及每一学年的主题与方式，并且加强逻辑设计。

第三，妥善规划教学内容。在规划教学内容的过程中，需要考虑从简单到复杂、从基础到高级的顺序，同时也需要考虑各运动项目与其他运动项目的联系。项目的规划应当遵循循序渐进原则，以便让前一个项目的学习对接下来项目的学习产生积极影响。

第四，逐渐增加生理负荷。在体育课程中，生理负荷的设置应该采取波浪式的逐步提高方式。这是因为身体需要一段时间来适应某种生理负荷。体育教学应该以一个学年或一个学期为单位，有节奏地交替进行负荷不同的体育课程。本次课的生理负荷，应安排在前次课后的超量恢复水平上。

七、巩固提高原则

在体育教学过程中，巩固提高原则的目标是让学生深入理解和掌握基础知识、基本技术和技能，进而持续提升他们的体能，提高他们的身体素质。

巩固提高原则的确立基于运动条件反射的形成和消退的生理规律。动作技巧和技能的掌握和提升，是通过持续的反复训练实现的。反复训练可以使运动条件反射持续地建立和加强，进而在大脑皮层形成动力模型。在动力模型建立后，我们还需要继续反复训练，以使其更加稳固和完善，否则，已经形成的动力模型可能会退化，进而对教学效果产生负面影响。以下是执行和应用巩固提高原则的基本要求：

第一，持续训练。让学生进行频繁且持久的训练，以此持续强化运动条件反射，这是实施巩固提高原则的基本策略。每堂课都应确保学生有充足的训练时间和足够的训练次数。需要强调的是，持续训练并非仅是机械地重复，而是要在已有训练的基础上逐渐提升标准，不断地纠正学生动作的错误，让学生看到自己的进步，进而更好地激发学生持续训练的主动性，帮助学生巩固和提升所学的知识、技术和技能。

第二，运用诸如提问、测试、竞赛等多元化的方法，在使用这些方法时，需要依据课程的目标和需求来操作。在某个阶段的教学结束后，可以利用竞赛的方式，观察学生在复杂多变的竞赛环境中运用所学的体育知识、技术、技能的熟练程度。

第三，调整训练环境。调整训练环境，能够有效地提升学生的体育基础技术和技能。这种调整包括改变训练场地、设备和动作构造、环境条件等，如将平地跑改为斜坡跑，调整设备的重量和动作组合等。

第四，课堂与家庭的融合。在课堂教学的基础上，教师可以分配一些课外体育作业或家庭体育作业，以实现课堂与家庭的紧密结合，从而达到巩固和提升教学内容的效果。

第五，激发进取心。不断设定新的目标，培育学生的兴趣和进取心。

上述体育教学原则构成了一个完整的教学原则体系，它们之间需要相互关联、相互补足，并在体育教学过程中获得全方位、准确地执行。尽管体育教学原则体系处于不断演变的过程中，但在特定的阶段，它仍然保持着一定的稳定性。伴随着体育教学实践的进步，人们对于体育教学原则的理解越来越深入，体育教学原则也会持续地丰富和发展。

第四节　高校体育课程教学的基本理论

一、高校体育课程教学基本理论的概念

（一）课程和教学

关于课程的概念众说纷纭，不同的学者按照各自不同的课程价值观念阐述了课程的定义和内涵。在国外，"课程"这个词首次出现在英国教育家斯宾塞的一篇名为《什么知识最有价值》的文章中，它源自拉丁语"curtere"一词，意为"跑道"[①]。随着教育科学的不断进步，课程的含义也在不断丰富，人们对课程内涵的界定各持己见，形成了各种不同的理论。

关于"教学"一词，早在我国商朝的甲骨文中就已经出"教"字，也有"学"字。到20世纪初，人们才对教师的"教"重视起来。中华人民共和国成立后，随着苏联教育家凯洛夫的著作在我国的翻译介绍，"教学"的内涵又发生了新变化。教和学是同一过程的两个方面，彼此具有不可分割的联系。[②]

---

① 阳艺武，陈森林.如何传授有价值的体育课程知识 [J].上海体育学院学报，2020，44（9）：52.

② 冯凯.体育课程与体育教学之间的关系研究 [J].当代体育科技，2020，10（28）：186-188.

（二）高校体育课程教学理论分析

高校体育课程教学活动是由教师和学生为实现体育课程教学目标而进行的，是一种实现体育教学目标、完成体育教学任务的系统化的体育教学过程。

高校体育课程教学的基本理论是对体育教育的规律性总结，是指导体育教学由经验层次上升到理性科学层次的基本前提。科学的体育教学原则是对体育教学法则的实质性概括和呈现，根据这一原则执行的教学操作必须符合体育教学的基础规律和学生的真实状态。只有当体育教师主动利用体育教学的科学原则指导体育教学设计，并在上课前进行细致的规划，才有可能让体育教学走出狭窄的经验主义的束缚，使体育教学过程的实施与调控处于最佳状态，获得教学实施过程的最优效果。

教师在进行体育课程教学研究时，需要将研究对象置于系统的框架内，从系统的角度出发，全面而精确地探索系统与要素、要素与要素之间的相互关联和互动，以找到最优的解决问题的方式。

二、高校体育课程教学的理念

体育课程的定位着眼于新世纪人才素质的需求，注重以人为本，强调以学生的学习、发展为教学的中心，把"健康第一"作为教学的指导思想，在教学中重视学生的主体性，引导学生积极主动地学习，体现鲜明的时代特色；重视教材的整体性，强调传授知识和技能与培养能力、创新意识并重，体现出体育课程教学理念。

（一）体育课程要坚持"以人为本""以学生发展为本"的教学理念

体育课程教学以学生的学习和发展为本，在教学过程中，教师要引导学生主动学习，倡导学生主动参与、乐于探究、勤于动手，培养学生的体育能力和坚持进行体育锻炼的良好习惯，帮助学生树立终身体育的运动意识。教师要注重培养学生发现问题、分析问题和解决问题的能力以及社会适应能力。教师在课程教学过程中的主导作用体现在引导、帮助学生学习体育课程知识、运动方法和动作技术上。体育课程应突出学生的主体地位，重视教师的主导作用。在教学过程中，为了完成教学任务，实现课程的教学目标，教师要积极进行知识技能的传授、研究和探索，让学生自主学习、自主运动，处理好社会需求与个人发展、学习兴趣与教学目标、接受性学习与创造性学习的关系，从而提高教学质量，使学生获得更多的、更实用的体育基本知识、运动方法技巧和动作技术技能。

（二）进行知识与技能、过程与方法、情感态度与价值观三个维度的整合

体育课程教学要在继承与发扬传统体育教学成功经验的基础上，进行知识与技能、过程与方法、情感态度与价值观三个维度的整合。

在体育课程教学的过程中，强调体育知识与技能的教学，要贴近生活，根据社会的需要，并结合人的发展，进行有意义、有效的教学。强调知识与技能、过程与方法、情感态度与价值观的整合。体育课程打破了学科的本位主义框架，增强了课程内容与学生日常生活、现代社会以及科技进步的关联性，更加重视学生的学习热情和学习过程，为学生精心挑选出一生学习所需的体育基本理论和运动技巧。

在体育课程的教学过程中，我们鼓励学生积极参与、热衷探索、勤奋实践，以此培养他们的自主学习和自我训练的能力、获取新知识的能力、分析和解决问题的能力以及交流和协作的能力。新课程教学注重理论与实践的结合、体育运动与健身方法的结合，强调体育锻炼与日常生活的融合，旨在让学生掌握正确的学习方法，培养他们体育锻炼的习惯，使他们形成终身体育的意识。

（三）综合运用多学科理论进行教学，促进学生身体的健康发展

随着科学技术的进步，现代科学的综合性日益凸显，不论是自然科学，还是人文科学，都在不断地交融，从而催生出新的边缘学科。体育课程的教学是以体育科学、教育科学、人文科学等多学科的理论为基础，根据学校体育课程教学的指导思想、教学目标、教学任务、教学内容，结合社会发展与学生学习的需要进行的，全面锻炼学生的身体，促进学生生理健康、心理健康水平及社会适应能力的提高，进而有效地增强学生体质的过程。

在这个过程中，教师要帮助学生学习、掌握、应用体育的基本理论知识、基本技术与方法，全面发展学生的身体素质和基本运动能力，使其形成良好的运动技能。同时，还应注重在体育教学过程中对学生进行思想品德教育，不断

提高学生的体育素养，培养学生的爱国主义、集体主义精神和积极向上的社会竞争意识。要完成上述教学任务，教师必须综合运用体育科学、教育科学、人文科学等多学科的基本理论与方法，以促进学生身体的健康发展，有效地增强学生体质。

学生身体的健康发展是指学生生理机能、身体形态、心理素质和社会适应能力的全面发展。因此，组织与实施体育课程教学活动涉及的学科较为广泛，体育课程教学不是单单地指导学生运动，而是奠基于智育、德育的理论和方法上的身体教育，是促进学生身体健康发展、有效地增强学生体质的运动过程。健康发展的内涵是全面、健康、和谐、可持续的发展。

三、高校体育课程教学的指导思想与任务

（一）高校体育课程教学的指导思想

"健康第一"的指导思想不仅给体育课程教学改革增加了新的内涵，还在提升学校体育价值含量的同时，使学校体育的教学目标更加明确。因此，在体育课程教学过程中，教师要贯彻"健康第一"的指导思想，使体育课程教学与21世纪社会政治、经济的发展需求相适应，使体育课程教学与促进学生身心健康发展、有效地增强学生体质的目的和以学生为本的教学理念在方向上保持一致。

体育课程教学的指导思想是体育教学实践的指南，是从教学实践的成功经验、失败教训中不断地总结、优化和发展出来的，并在现代教学理论与教学实践的融合过程中不断地获得印证和完善。在体育课程教学过程中，体育教学的指导思想通过各种途径对学校体育的教学目标、教学任务、教学内容、教学方法、教学的组织形式和体育锻炼体系产生重大影响，是整个体育教育理论的核心。高校体育课程教学的指导思想必须与高校建设、发展的方向相适应，目前，高校体育教育的指导思想应以体育知识和技能为基础，以提升学生的体育技能为主要目标，以身心健康的发展为核心，以终身体育为方向，明确体育教学的关键在于帮助学生树立终身体育的理念。

1. 以体育知识技能为先导

在高校体育课程的教学过程中，教师需要首先明确传授体育知识和技能的职

责,并且将体育知识、技巧和方法与科学的运动训练相结合。只有这样,才能真正地提升学生的身体素质,增进他们的健康状况,并帮助他们形成终身受益的体育理念。通过大学体育课的教学实践,我们发现,学生对于体育知识、技巧和技能的精通程度与提升身体素质、激发他们对体育的热爱之间存在紧密的联系。当学生提升体育技巧、体育能力时,他们的体育素养也会相应提升,这将进一步增强他们对体育的热爱。同时,更高涨的运动热情有助于学生身体素质的提升和健康状况的改善。因此,在高校体育课程的教学过程中,教师应该优先考虑如何向学生传授体育的理论知识、技巧和能力,以及科学运动的方法。

2. 以培养学生的体育能力为重点

在体育教学过程中,体育能力的培养主要是为了帮助学生建立对自己身体健康的认识,培养他们终身进行体育锻炼的理念,并且让他们掌握必需的活动技巧以及应用这些技巧的能力。近些年来,为了满足高等教育的发展需求,许多经济发达国家纷纷对学校的体育教育进行改革。这些改革的核心是提升学生的体育技能,培养他们终身锻炼的习惯,并将其作为学校体育教育的主要职责。比如,韩国的体育课程强调将体育科学、健康以及各类安全知识整合进体育课程中,注重提升学生的自我锻炼技巧,并引导学生将体育知识应用到日常生活中。[①] 中国的高校体育课程同样需要注重对体育理论、方法以及技巧的讲授,以便提升学生的自我锻炼、自我设计以及自我评价的能力,培养他们对运动的鉴赏才华等。只有这样,毕业后的学生无论处于何种环境或职业,都可以主动地去锻炼,从而为实现终身体育奠定坚实的基础。

3. 以身心协调发展为中心

在体育教育活动中,学生全身心地投入,在以身体训练为主的各类运动技巧的实践中,学生的身体功能、运动能力、基础活动技巧以及心理素质等都能得到提升和进步。为了让大学生的身心健康发展,不仅要充分利用体育教学对提升学生体质、增强学生生理功能的生理影响,还要根据体育教学的特性、作用和规则,深度开发并利用体育教学的心理影响、娱乐影响以及审美影响。如此一来,便可以在增强学生体质、培养学生体育技能的同时,培养出在道德、智慧、身体、艺

---

① 李训宇. 关于中韩两国学校体育发展的对比分析 [J]. 当代体育科技,2015,5(18):252-253.

术方面全方位发展，身心和谐统一，符合现代社会以及未来社会发展需求的新型人才。

4. 以终身体育为方向

终身体育是高校体育教育的长期目标，同时也主导着高校体育课程的教学。终身体育的目标一旦设定，高校体育的教学就应该以体育知识技能为基础，以提升学生的体育能力为主轴，以身心平衡发展为核心理念，培养学生一生都进行体育活动的观念、习惯和能力。高校体育教学应当适当地协同体育课程与其他不同种类的课程。另外，还应调整好体育教学近期收益（一个学期）、中期收益（一学年或两学年）以及远期收益（在校期间，毕业后，甚至一生）之间的关系。应致力于以终身体育为长期目标，持续提升学生的运动技巧，以此奠定学生的终身运动基础，进而使学生在未来的日子里都能有所收获。

（二）高校体育课程教学的基本任务

为实现教育部颁布的学校体育教学目标，体育课程教学的基本任务应包括以下四方面内容：

第一，全面锻炼学生的身体，促进学生生理健康水平、心理健康水平的提高，以及社会适应能力的健康发展，有效地增强学生体质。

第二，使学生学习、掌握、应用体育的基本理论知识、基本技术与方法，全面发展学生的身体素质和基本运动能力，帮助其形成良好的运动技能。

第三，培养学生的体育能力，使学生积极参与体育活动、坚持锻炼身体、科学地应用健身方法、养成良好的体育锻炼习惯，为终身体育奠定坚实的基础。

第四，在体育教学过程中，教师要对学生进行思想品德教育，不断提高学生的体育素养，培养学生的爱国主义、集体主义精神和积极进取与竞争意识，培养学生勇敢顽强的意志品质。

第二章 高校体育教学方法研究

本章主要研究高校体育教学方法，主要内容包括体育教学方法及相关概念阐述、体育教学方法的意义、体育教学方法的选择与优化组合及体育教学方法的实施与探索。

第一节 体育教学方法及相关概念阐述

一、教学方法的含义

教学方法主要由教师的教学手段和学生的学习方式两部分组成，在实际的教育活动中，教师使用教学方法必须充分参考学生的学习方式，如果缺乏实用性和针对性，就无法达到预期的教学效果。因为时代、社会环境和文化背景的差异，中外对教学方法有着各自不同的界定。在运用教学方法时，我们需要重视中外教学方法的差异。但无论运用何种教学方法，都需要确保教师和学生能够共同完成教学活动，同时充分考虑教学过程中的师生行为。在选用教学方法时，我们应当注意以下三方面内容：首先，教学方法须反映独特的教育理念，必须满足达成某一教学目的的条件；其次，使用特定教学内容的制约方式，并且重点关注教学方法的制约因素；最后，必须将教学方法融入教学之中，以防止它们对教学造成干扰和限制。

二、教学方法的发展

伴随着科技的飞速发展，教育理念逐步由"注重教育"转向"注重学习"，教育手段也随之发生变化，展示出前瞻性和时代性。

（一）教学方法观的演变

随着素质教育的持续发展，教育改革也取得了一些进步，同时也面临着许多新挑战。为了解决传统教学方法中的各种问题，我国的教育工作者积极推动学习理论的多元化，并不断倡导自主学习、研究性学习和合作学习。

自古以来，我国的体育教育一直采用接受型的教学模式，这种模式曾经被许多教育专家认为是科学的。但是，随着教育科学研究的持续深化，这种教育模式已经无法满足当前的社会需求。20 世纪初，格式塔学派的"完形—顿悟"理论开启了对多元化教育的深入研究，其核心是关于人的学习和认知能力的探索。该理论深入探讨了"如何教"的规律等一些基础问题，主张依照教育者的心理行为模式来设定教学流程、步骤、策略，将学习视为对信息的处理过程。尽管该理论有助于教学内容和计划的实施，却忽略了其他各类学习方法的存在，将生动有趣的体育学习局限在认知层面，难以拓宽学生的视野，阻碍了学生主动性和创新性的提升。

自 20 世纪 90 年代起，全球各国逐渐开始关注学习模式的改革。美国陆续推出一系列以科学教育为基础、强调科学多样性的国家级科学教育规范。这些规范不仅突出了多样化教学的重要性，还为多样化教学设定了一系列标准。比如，在实际运用多元化的教学模式时，我们需要把多元化的学习方法视为重要的核心方法，并且强调其在学习科学中的关键地位。在教育领域，多元化学习能够深层次地推进全面的教育改革，许多国家已经在基础教育阶段大规模地采用这种学习模式。在最近的几年里，由于教育变革的深化，多样化教学已经引起教育领域学者的广泛重视，体育、政治、数学等领域的学者都对其进行了有针对性的实验研究，并且已经取得相应的成果。

（二）教学方法与内容、目标的关系

实际上，学生的学习过程就是将教学内容转化为自身发展成果的过程，该过程是从外向内的，不能自我完成，需要依赖特定的教学方法。各种教学内容是根据学习主体的身心发展水平来设定的，无论是大学生，还是小学生，都有自己独特的学习内容。教学方法的选择需基于学生的学习习惯，因此，根据学生的学习习惯选择的教学内容成为选择教学方法的依据。通常情况下，教学内容会决定教学方法，而教学方法的确定可能对教学内容产生重大影响。

必须认识到，教学方法并不只是与内容有直接的联系，仅关注内容（学科）和教学方法的联系是不够的，我们还需要从教学体系中各个元素之间的广泛联系里去思考如何选用教学方法，其中，"目标"与教学方法的联系尤其重要。我们必须深入研究引发所有教育学现象的教学目标、内容和方法之间的关系。所有教育现象和教学过程的形成都基于目标，教学方法的理念基础并不在于内容的范围，而在于目标的范围。内容只是达成目标的"工具"，内容受目标的限制，而方法受"目标—内容"联系的限制。教育教学流程与"目标—内容—方法"的教育学分类框架有关。目标、方法和内容的联系催生了一种多元且丰富的网络架构，同一个目标可以由不同的内容和手段达成，同一个内容和手段也能够达成不同的目标。

在教育目标、课程内容和教学方法之间，目标和内容限制了方法，目标内容的联系则影响了教学方法。教学方法仅是一种传达课程内容并达成目标的可选手段。

（三）教学方法的分类

教学方法的分类实际上是将历史中教育者创新的各种教学方法按照某些共性进行整合。同时，根据某些差异性，将它们进行区分，以便更深入地理解和掌握它们的特性、影响范围、条件以及发展趋势。分类准则的不同会导致不同的分类结果，本书主要阐述了传统的教学方法的分类。传统的教学方法的分类准则是过去常用的教学方法分类准则，主要包括以下内容：

1. 根据教师教的方法和学生学的方法分类

这种划分方式相对简洁，教育方法能被划分为传统讲授法和自主学习法两种。教的方法涵盖课堂讲授、谈话、演示等；学的方法则涵盖练习、实习、独立作业等。很明显，这种划分方式将教育和自主学习的过程隔离，会影响教育手段的选取和应用。

2. 根据学生掌握知识的程度分类

基于我国比较教育专家商继宗先生对外国教学方法的分类研究，可根据学生掌握知识的深浅来划分教学方法。在该研究中，教学方法可以被划分为三个等级：

第一等级是能帮助学生掌握知识的方法；第二等级是能让学生具备运用知识的技巧和能力的方法；第三等级是使学生擅长进行创新性探索的方法。这种分类策略以各类教学方法的目标为基础，明确了现代教学方法的目标和发展方向，有助于我们理解和掌握现代教学方法的核心。

3. 根据外部形态与学生认识活动的特点进行分类

我国的一些教育专家和学者根据教学活动的外在形态和学生的认知特性，将教学方法划分为五类，这五类方法包括以语言信息为主的方法（谈话法、阅读法、讲解法等）、以实践训练为主的方法（实验法、练习法、作业法等）、以情感感知为主的方法（参观法、演示法等）、以探索为主的方法（探索法等）以及以欣赏为主的方法（欣赏法等）。这种分类策略考虑了教学方法的协同。

4. 根据教学活动的过程分类

苏联著名教育学家巴班斯基主张，教学方法可以根据教学过程进行分类，主要包括三个大类：第一类是以逻辑方法、控制学习方法、认识方法、知觉方法为一类的组织认识活动的方法；第二类是以刺激学习责任感和兴趣的方法为主的刺激与形成学习动机的方法；第三类是以书面检查、口头检查和实践操作检查法为主的检查方法。

5. 当代教学改革中出现的各种新的综合教学方法

这些教学方法主要涵盖发掘式教学、掌握式学习、问题式教学、暗示式教学、示范式教学、"纲要信号"图示式教学、探索式研讨式教学、"先行组织者"式教学、程序式教学、学习导向式教学、自我学习辅导式教学、试验式教学以及"阅读、讨论、实践、讲解"八字教学法等。所有这些教学方法的构建都是基于与之对应的教育理念，一些方法本身就已经包含了特定的教育原则、教育组织模式和步骤，甚至形成了相应的体系。

三、高校体育教学方法的特点

（一）多元性

高校体育的教学方法具有多元性。根据教学主题和环境的不同，体育教师需要对教学方法做出调整。即便是在一样的环境和主题下，不同的教学方法也能产生不同的教学成果。所有的教学方法都各具特色，但没有教学方法无所不能。比如，教授法能够节省时间，方便体育教师调整教学的进度和难度，有助于学生全面掌握科学文化知识，但不利于长时间集中学生的注意力，也不利于培养学生的独立思考能力。问答法能激发学生的兴趣，活跃学生的思维，有利于培养学生的思考能力，但不利于传授系统知识，不利于解决复杂问题。很显然，只有灵活采用各种体育教学方法，才能顺利实现教学目标。

（二）双边性

由于高校体育课程具有双边性特点，因此高校体育教学方法也具有双边性。也就是说，所有的高校体育教学方法都是由教师的授课方式与学生的学习策略相互结合形成的。这意味着高校体育课程的实施必须依赖教师与学生的配合，而非仅依赖教师的讲解，否则就会忽视学生的主体地位。教师的授课方式和学生的学习策略是相互补充、相互作用的，二者一起推动高校体育教学方法的形成。

（三）实践性

高校体育课堂教学和教学方法之间存在深厚的联系，有明确的实际应用需求。一方面，高校体育教学方法的实践性可体现在其目标导向性上。换句话说，高校体育教学方法最初是帮助教师和学生达成体育课堂教学目标的工具。另一方面，高校体育教学方法的核心含义、操作模式、详细流程等都能够被高校体育教师在实际课堂中人为地进行调整和管理。所以，评估高校体育教学方法的实践性，也就是在评估体育教师的教学能力。

（四）整体性

高校体育教学方法并非孤立存在，没有一种方法能够独自承担教学功能。所有的教学方法共同构成了一个完整的高校体育教学方法系统，这个系统内的所有元素都扮演着关键的角色，而这些元素的协同工作可以让整个方法系统产生更好的效果。教学方法既可能带来积极的结果，也可能产生消极的后果，然而，如果与其他教学方法进行协同，就能够发挥优势，弥补不足，进一步提高实现目标的效率。

（五）发展性

高校体育教学方法并不是一成不变的，总是伴随着高校体育教学理论和实践的进步而不断演变。高校体育教学方法的演变主要体现在三个方面：

第一，随着时代的进步和科技的发展，新的教学方法不断涌现。例如，借助尖端的科技，出现了电子化教学方法和计算机辅助教学方法等。

第二，传统的高校体育教学方法被赋予了新的含义。比如，现在的教学方法已经不再是过去那种静态的讲解方法，而是更多地运用了悬念设定等方法。

第三，多种高校体育教学方法的有效和多样化结合，使体育教师的教学模式得到改进。体育教师需要紧跟时代的步伐，理解时代的脉络，并以发展的视角不断更新自己的教学方式，只有这样，才能让高校体育的教学效果达到最优。

第二节　体育教学方法的意义

选择和运用高校体育教学方法是实现高校体育有效教学的关键，在整个体育教学过程中占据重要位置。多样化的教学方法是完成高校体育教学目标的关键。可以说，在高校体育中，教学方法的有效执行对高校体育的教学至关重要。

一、教学方法是师生实现有效教学的必要条件

要实现教学目标，就必须解决高校体育教学的方法问题；如果没有解决方法问题，教学目标的达成就将无从谈起。高校体育的教学方法是贯穿于整个教学流程中的，每一个阶段的教学都离不开高校体育的教学方法。高校体育教学方法是教师组织和教学是必需的，是学生学习也是必需的，也是教学评估不可或缺的。

二、教学方法是提高教学质量和教学效率的重要保证

良好的教学方法能够让教师在实现教学目标的过程中少走弯路，节约教学时间，让学生在体育课程中获取更多的知识，实现更大的进步，从而提升教学品质

和效率。相应地,不适当的教学方法可能会打乱高校体育教学的步伐,影响高校体育教学目标的实现,对学生的成长不利。

三、教学方法是联系教师和学生的重要环节

教师的教学和学生的学习通过教学方法的运用紧密相连。如果体育教师选择了错误的教学方法,学生的学习就会受到影响,甚至可能使学生对学习产生厌倦心理,进而对教师产生反感。然而,如果体育教师能够运用合适且有效的教学手段,学生就可能更热衷学习,甚至对教师产生亲近感。

四、教学方法影响学生的身心发展

选取并运用多样化的高校体育教学方法,会对高校体育学生的身心发展产生影响,同时会显著影响学生的学习热情。比如,强制式的授课模式会削弱一些学生的主动学习意愿,进而影响他们独立思维的发展,阻碍他们形成主动学习的习惯,致使他们在技能提升方面处于被动状态。而采用启发式高校体育教学方法,有助于激发学生的研究能力、深度思维能力、寻找答案的积极性以及阐述个人观点的勇气。

第三节 体育教学方法的选择与优化组合

一、体育教学方法的选择

(一)体育教学方法可供选择的体系

有学者结合教育学中有关教学方法的原理,根据现代体育教学改革的特点与变化特征,并依据体育与健康课程标准目标,认为体育教学方法体系应包括以下几个方面,如图 2-3-1 所示:

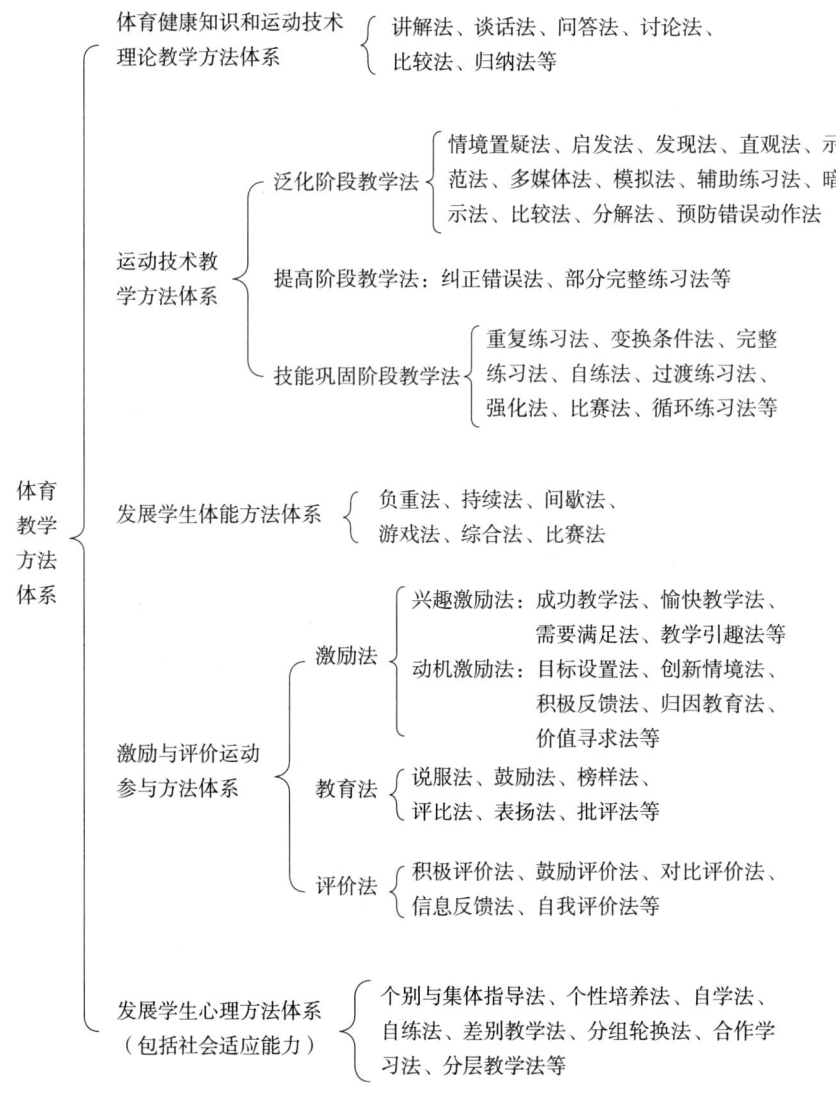

图 2-3-1 体育教学方法体系

如图 2-3-1 所示，体育教学中有很多教学方法可供选择，教学目标不同、课次不同，可选用的方法也有一定的差异。

（二）选择体育教学方法的基本要求

体育教师在思考选择采用什么样的方法来实施体育教学时，需要考虑体育教学方法是否符合以下要求：

第一，体育教学方法要与教学规律、教学原则相符。

第二，体育教学方法要与教学目标相符。

第三，体育教学方法要与所教内容的特点相符。

第四，体育教学方法要与学生学习条件的可能性相符。

第五，体育教学方法要与学校教学条件的可能性相符。

第六，体育教学方法要与实现教学效果最优化的可能性相符。

第七，体育教学方法要与体育教师自身条件的可能性相符。

（三）体育教学方法选择的过程

1. 了解

了解指的是教师应对要选择的体育教学方法进行详细了解，这是体育教学方法选择的首要环节。在这一步中，体育知识传授的方法、动作技能形成的方法、锻炼学生体能的方法、培养学生个性与思想品德的方法等都是需要了解的对象。具体了解的范围包括这些方法的特点、适用范围、优缺点、实施步骤等。

2. 分析

所有体育教学方法都有自己的特征，而且与其他教学方法相比，也有一定的优势及相对的不足，没有哪一种方法是完全没有缺陷的，也没有哪一种方法是在任何教学内容的实施中都适用且可以发挥重要作用的。也就是说，万能的教学方法是不存在的。这就要求体育教师全面分析各种方法，结合教学目标、环境、条件、需求、内容等要素做出合理的，与现实条件、实际需求相符的选择。

3. 比较

在某项内容的教学中，能够达到教学目标的教学方法绝对不止一种，但具体要采用哪种方法实施教学，需要体育教师对比这些备选对象。

4. 选择

经过了解、分析及比较后，选择最理想的一种教学方法，或将合适的几种方法组合起来运用。

（四）影响体育教学方法选用效果的因素

在体育教学中，所选的体育教学方法是否起作用，与教学环境、教学主体等有很大的关系。因为体育教学是师生在一定环境下互动、协调的过程，所以环境、师生成了影响体育教学方法选用效果的主要因素。

1. 环境因素

环境因素主要包括场地环境、物质条件、体育教学技术水平等。为了便于理解环境因素对体育教学方法选用效果的影响，下面分析同一种教学方法在不同环境下实施产生的效果。

第一，如果选择使用直观示范法开展教学，在体育馆内进行教学的效果就要比户外上课好，因为户外环境有很多会对学生的注意力造成干扰的因素。

第二，器材因素，如在跳高教学中，若采用同一种练习方法，用海绵块的防护效果就比用沙坑好，学生的安全更有保障。

以上分析告诉我们，要注意体育教学方法与环境条件的协调，这样才能避免不良环境因素对体育教学方法实施造成不良影响。

2. 教师因素

体育教学方法是由体育教师设计与付诸实施的，教师的个人素养、专项教学技能及综合素质会直接影响体育教学方法的实施效果，体育教学方法的特征、优势、劣势等本身是相对固定的，但体育教师能否赋予这些方法特殊的意义，将会直接影响这些方法运用的实效性。因此，从体育教师方面来说，提高教学素养及业务能力，对提高体育教学方法的运用效果具有重要意义。

3. 学生因素

体育教学方法是否发挥了作用、是否取得了良好的运用效果，主要是从学生是否有进步与发展上体现出来的。因此，学生因素对体育教学方法选用效果的影响也很明显。

在体育教学中，教学效果与教师、学生这两个教学主体有必然的联系，但因为教学效果主要反映在学生身上，所以从这一点来看，学生对教学效果的好坏起着根本性作用，即使教师的教学素养与业务能力再高，即使选择了最好的教学方法，如果学生提不起兴趣，没有学习的干劲，不发挥自己的主观能动性，那么教学效果也达不到预期。

因此，培养学生的学习兴趣，提高其学习积极性，鼓励其发挥主观能动性，引导其积极思考与发言等，是提高体育教学方法运用效果的重要路径。

二、体育教学方法的优化组合

（一）体育教学方法优化组合的含义

巴班斯基的教育理念认为，在特定的时间和环境下，教师选择的能够达到最佳教学效果的教学方法就是最佳的体育教学方法。需要注意的是，教师在综合考虑各方面要求、要素的基础上将最合适的教学方法选出来后，要进行组合搭配，协调各个方法之间的关系。如果不注意这一点，即使是经过优选的体育教学方法，在复杂多变的体育教学过程中运用时依然会遇到种种弊端，具体表现在逻辑性、顺序性、合理性、高效性等方面。体育教师要避免孤立地运用某一种教学方法，也要避免在教学过程中随机挑选某种教学方法付诸实施，应组合利用多种体育教学方法，形成优势互补。

还需要注意的是，不能简单地堆砌与相加教学方法，并把这种堆砌与相加错认为是体育教学方法的组合，教学方法组合的真正含义是使各具优劣势的教学方法相互补充、相互影响、相互渗透，从而相互促进和达到效果最优化。

（二）体育教学方法优化组合的原则

体育教师不能靠自己的直觉甚至想象来盲目地优化组合教学方法，这样不仅不会达到好的教学效果，也无法达到优化前的效果。为了提高优化组合的实效，需要坚持以下四项基本原则：

1. 最优性原则

在进行体育教学时，为了达到更优的教学效果，我们需要对多种教学方法进行优化组合，然后再实施。优化后的教学方法不能被简单地称为一种或几种教学方法，而应被视为一套或几套教学方法。每一套教学方法都有其独特的优势和缺点。体育教学方式本质上是多元化、具有互补性和双重性的，经过组合后形成的成套的教学方法也是如此。在这种情况下，体育教师需要根据实际情况对多套方法进行分析、筛选和权衡，最后选择一套最适合的方法。在体育教学方法的优化组合中，必须坚持最优性原则。

2.灵活性原则

体育教学方法本身具有互补性，不同教学方法的联系性及相关性为其相互替补提供了可能，再加上体育教学本身的多变性特征，最终在体育教学方法的优化组合过程中应当坚持灵活性原则。

从根本上讲，体育教学是一个不断变化的过程，涉及许多内外部因素，而这些因素之间也存在紧密的联系。教学方法只是其中的一个变量，教师需要根据实际的教学环境灵活应对。这就需要体育教师在优化教学方法的过程中全面考虑到客观存在的各种变量，并将教学方法灵活地应用到教学实践中。

3.综合性原则

在体育教学方法的优化组合中，对各种体育教学方法的作用与联系要全面、整体、辩证地看待，这是综合性原则的基本要求。具体而言，教师要强调教学方法与学习方法的有机统一，用教学方法促进学习方法的形成与统一，以学习方法推动教学方法的发展。必须协调好教法与学法的关系，使学生与教师真正实现双向交流、互动，使教学活动真正成为双边活动，这样才能收到预期的教学效果。坚持综合性原则能够使教学方法的教育、熏陶、感染、发展等多元功能在教学实践中得到最大限度地发挥。

4.创造性原则

在进行体育教学时，教师需要对现有的教学方法进行改良、融合，以便在教学过程中能够适应各种复杂的教学情况，并充分利用教学方法的潜力。同时，教师也需要运用自身的智慧和教学技巧，通过有效的方式实现体育教学方法的创新。这些都是体育教学方法优化组合中创造性原则的基本要求与体现。

为了达到上述目的，可采取的途径有发挥教师的个性，如调整教学方法的要素，从顺序、时机等方面组合教学方法，创新形式多样的教学方法等。

（三）体育教学方法优化组合的模式

不同的体育教学方法有各自的优势，会产生不同的运用效果。在体育教学中，要依据体育教学目标对各种方法进行优化运用，优化模式如图 2-3-2 所示：

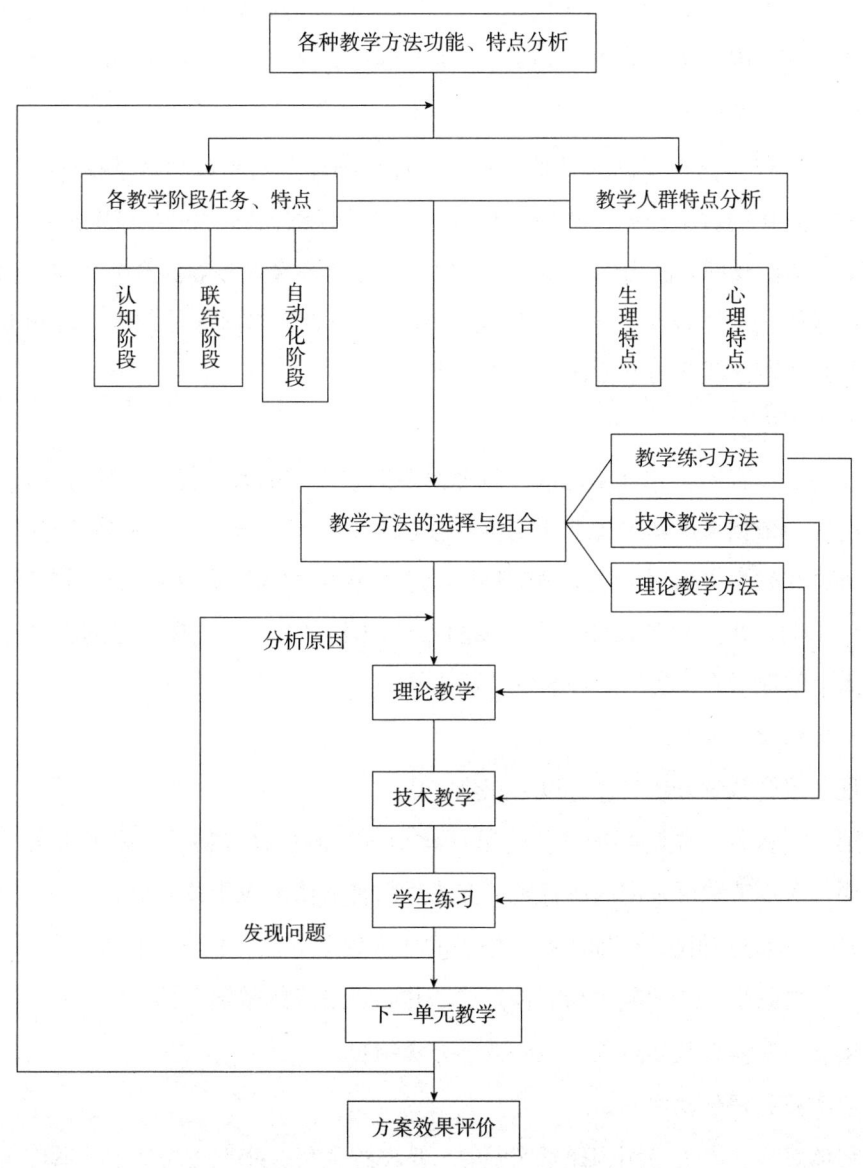

图 2-3-2　体育教学方法优化模式

（四）体育教学方法优化组合的程序

巴班斯基指出："选择一整套教学方法总的决策还得再分为一系列步骤，这些步骤乃是关于选择个别方法的中间决定。"[①] 借鉴巴班斯基的观点，结合体育教学的具体情况，可以从以下几个步骤着手来开展体育教学方法的优化组合工作。

1. 明确教学任务

每节体育课都有明确的教学任务，体育教师要分析整体的教学任务，整理、排列经过细化的教学任务，并综合制定各方面的详细任务，包括知识技能教学任务、学生个性及创新能力培养任务、学生思想品德教育任务等。教师必须认识到，体育教学的任务不仅是让学生掌握运动知识与技能、掌握练习方法与运动能力，还涉及其他教学任务与学习任务需要完成。

2. 提出设想

在每节体育课正式开始之前，教师都要以本节课的教学任务、教材内容、学生情况等为依据考虑本节课要用到哪些教学方法，每个方法各占用多长时间，之后分析这些教学方法对学生的适应性以及它们在各个教学阶段完成不同教学任务可能产生的效果。教师在课堂上应以启发式教学为主导，选择合适的教学方法，进而更有效地培养学生的个性和创新能力。

3. 优化组合教学方法

优化组合教学方法具体分以下三步完成：

第一，教师首先需要准备一份最佳教学方法的选择表格（一张即可），该表格主要包含本节课可采用的体育教学方法、每种方法的应用技巧等。

第二，通过对比，仔细研究表格中的体育教学方法，精选出最优的教学方法组合，然后调整方法的顺序和配合方式，并确定最终的教学方案。

第三，在体育教学过程中实施教学方法组合。

4. 实施和评价教学方法

将体育教学方法应用到课堂实践时，要注意观察这些方法与学生的适应关系。课后应及时评价教学方法在本节课的应用情况、总结经验与教训、分析成败原因，从而为下一次教学提供参考。

---

① 张建龙，王炜. 体育教学方法优化组合的依据、原则与程序 [J]. 新西部（下半月），2009（5）：238，241.

第四节　体育教学方法的实施与探索

一、体育教学方法的实施现状与建议

（一）体育教学方法的实施现状

1. 体育教师选择体育教学方法的依据

体育教师会根据各种因素决定教学方法，每个教师选择的方法都是独特的，同一位教师在不同的教学过程中所思考的问题也各不相同。常见的决策因素包括教师的教学技巧、学生的基础知识、学校的教学环境等。总结起来，当选择体育教学方法时，体育教师首先需要考虑学生的基本能力和素养，然后再去思考教学目标和任务，同时也需要考虑教学内容和需求、学校的教学环境、教师的教学技巧和教学手段的特性以及教学所需的时间。在教学过程中，一线体育教师常常会以学生为中心来选择教学方式，并且非常重视教学方法的实用性。这些教师深知学生是教学的主体，他们选择的教学方式通常能够激发学生的主观能动性。

2. 体育教师使用的教学方法

教授体育的方法有很多种，讲解法、示范法、完整法等是常见且规范的教学方法，探究法、念动法等则是较少使用且相对新颖的教学方法，这些方法在教学实践中的应用频率存在显著差异。总的来看，常规教学方法使用频率高，新式教学方法使用频率较低，一般都是偶尔用、很少用，不是一直用、经常用。这充分说明传统的、常规的教学方法在教学实践中已经得到认可，而且教师已形成习惯，所以很少运用新式教学方法。

从教育学的角度来看，在体育教学领域，许多创新的教学方法可以提升教学效果，然而，它们也对体育教师的素质提出了更高的要求。

（二）体育教学方法实施的改进建议

针对如何改进体育教学方法实施的问题，总结归纳如下：

1. 从体育教师角度分析

第一，以兴趣为基础，激发学生的主动学习精神，运用多元化的教学方法，推动学生的特长得到充分展现，使学生在课堂上的感受更加丰富和深入。

第二，提升体育教师的专业素质，强化对体育教师的教学技能培训，让教师能够持续地总结和反思教学策略。

第三，从学校教学环境和现实条件出发实施教学方法，将教学方法的实施与教学目标的实现密切结合起来。

第四，多创编与设计一些适合学生的练习手段，要恰到好处地设计教学方法。

第五，理论联系实际，弱化应试教育、强化素质教育等。

2. 从学生角度分析

第一，学生希望教师多创造宽松的课堂环境，营造活跃、轻松的课堂氛围，以激发学习兴趣。

第二，学生希望教师能多与他们交流与互动，多鼓励他们，多正面教育，多因材施教。

第三，学生希望学校能够对教学设施设备进行改善，适当为他们提供较多的自由练习时间。

第四，学生希望教师能够采用多样化的教法，更喜欢学习一些实用技能。

第五，学生希望教师在组织课堂教学时采用一些比较新的课堂形式，在课堂中加入一些轻松的游戏，调动他们的情绪。

二、体育教学方法的改革创新探索

（一）从整体着眼，对体育教学方法合理编排

在进行体育教学时，教师需要运用各种策略帮助学生理解教材的内容，以实现教学目标。在体育教育过程中，教学方法是必不可少的，教师在教学过程中采用的教学组织方式、教学手段及教学艺术等都属于教学方法的范畴。这些方法有些是具体的，有些是抽象的，有些是显性的，有些是隐性的。

体育课程内容直接决定了要采用什么样的教学方法，教学方法作用于学生，能够达到一定的教学目的或教学效果，教学方法的运用效果也得以反映出来。教师和学生是连接教学方法的两端，如图 2-4-1 所示，直观地体现了体育教学方法与效果的关系。

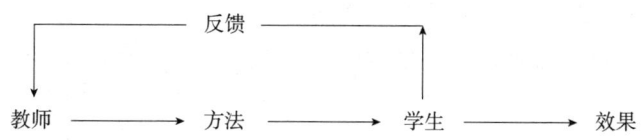

图 2-4-1　体育教学方法与效果的关系

评价体育教学效果，主要看学生是否掌握了知识、学会了技能、取得了进步与发展或实现了学习目标，而方法要产生效果，就必须作用于学生。教师和学生是教学方法的两个核心部分。除了体育教师的授课技巧和教学策略的执行状态对体育教学效果有影响，学生的理解、吸纳和创新也是教学效果的决定因素。因此，体育教学方法的执行成效主要由教学主体（教师与学生）决定，只有教师与学生协调配合好，才会取得良好的实施效果。

教师与学生分布在教学方法的两端，教学方法的选择与运用、改革与创新直接受教师教学能力、教学艺术、创新能力等影响，教学方法的实施效果同时也受学生身体基础、技能掌握规律、技能接受水平的影响。所以，教师除了要提升自身的教学素养与业务能力，对学生的接受水平、学习规律也要给予高度关注，争取做到"教学相长"，促进教学方法实施效果的优化提高。

（二）关注学生未来发展，对体育教学方法进行统整与筛选

学生时期接受的体育教育不仅对学生当时的发展有重要影响，而且对学生未来步入社会后的发展也有很大的影响，可见体育课对学生未来发展起着至关重要的作用。体育学科很特殊，体育教育对学生的影响非常大，包括对学生身心健康的影响，对学生价值观、人生观的影响。

体育教学方法丰富多样，但体育教师运用教学方法一般都是为了解决当前的问题，实现眼前的目标，而很少考虑学生未来的发展，也不会从这一点出发选用教学方法，这是未来体育教学方法创新中需要改革的一点。

对体育教学方法的统整、筛选，要以有利于学生未来发展为主导方向，因此要多选用由自主学习法、合作性教学法、探究性教学法等多种手段组合而成的新式教学方法，加强对这些方法的运用能够促进学生的未来发展，但也不能太随意、太刻意及过度使用这些教学方法。体育教学目标的实现离不开教学方法，但教学

方法又是丰富多样的，统整并筛选教学方法就是为了用最省力、最直接的方法快速实现目标。如果不对繁多的教学方法进行精心筛选，就要绕很多弯路才能实现目标。

（三）从教学效果出发，对体育教学方法进行优化组合

在进行体育教学时，所有的教学步骤都被严谨地规划，每个步骤之间的连贯性和独立性都十分明显。尽管在体育教学的全过程中，教学方法仅是其中的组成部分，但在实现教学目标和完成教学任务的过程中，运用教学方法绝对是最直接的路径。只有让体育教学方法与其他要素相互协调，才能取得良好的教学效果，这也体现出教学过程与教学结果的关联性。

在现有条件下，为了达到最好的教学效果，需要对教学过程中的关键要素——体育教学方法进行合理选择与优化组合。在系统论的引领下，我们将教学过程视为一个典型的"动态系统"，并在实际的教学环境中考量目标——方法效果。因此，在具体执行体育教学方法时，我们需要考虑教学目标的达成、任务的完成以及所获得的成果，同时也要重视学生学习的吸收和内化，以此激发学生的主观能动性，并创造一个良好的教学环境。优化教学方法的组合，能够增强方法应用的"协同效应"，教师只有拓宽视野、全面思考，才能设计出优秀的教学方法。

对体育教学方法进行优化组合，能够省时、高效地达成预期目标，能够使各种方法的积极作用发挥到极致，并取得只运用单个教学方法难以企及的成效。对教学方法的优化组合是体育教学方法创新的一种途径，例如有讲解教学法和示范教学法的结合、分解教学法和完整教学法的结合、游戏教学法与比赛教学法的结合等结合形式。

加强体育教学方法创新，还要注意对具体实施工具、手段的加工与改造，如用图片或录像展示典型动作使学生模仿等，不仅不会影响目标的实现，反而能够更好地激发学生的兴趣与积极性，同时能够培养学生发现问题、解决问题的能力。创新后的教学方法起到的启发作用正是之前的教学方法所欠缺的。

（四）立足实际情况，对体育教学方法进行扩展与改进

在体育教学中，如何将丰富多彩的体育教学方法运用好，并发挥它们的作用，

是每个体育教师都必须考虑的重要问题。经验表明，体育教学方法的应用效果和学校的具体教学环境，如设备的布置、课程执行的环境等有紧密的联系，在挑选教学方法时，需要重视这一点。

每个学校因为所处地理环境、区域经济条件等不一，所以无法配备完全相同的设备，而且体育教学所需的一切并非一定能够在现有的条件下得到满足。在环境条件不允许的情况下，我们需要及时优化和扩展体育教学方法，以便更好地适应现有的环境。优化和扩展体育教学方法的真正目的是满足体育课程的需求，推动学生的健康发展，提高学生的创新能力。

体育教学方法的拓展与改进主要体现在作用和适用领域的变化上，进而体现在教学结构方面。以教学分组为例，过去的教学模式是根据学生的人数进行分组，但是随着教学方法的变革，教学结构得到优化，出现了根据兴趣、性格、基本能力、伙伴关系等各种分组策略。优化体育教学，其实就是修正现有教学方法存在的缺陷，让现有的教学方法变得更为全面，或者在现有方法的基础上开发出新的教学方法。

第三章 高校体育教学模式探索

本章主要内容为高校体育教学模式探索，分别介绍了自主协作体育教学模式、高校体育俱乐部教学模式、运动处方教学模式、"三联互动"教学模式和生态体育教学模式。

第一节 自主协作体育教学模式

一、自主协作体育教学模式的概念

"模式"一词源于英文的"model"，它构建了一个理论上的逻辑框架，作为现实的简化再现和理论性结构。在教育学家乔伊斯的开创性研究中，教学模式得到了深入的探讨和系统的阐述。乔伊斯在著作《教学模式》中明确指出，"教学模式是构成课程和作业、选择教材、提示教师活动的一种范式或计划"[①]。值得注意的是，教学模式并不等同于传统意义上的教学计划，后者更具体且具有可操作性。教学模式在教学理论中占据核心地位，它解释了在特定教学思想下形成的一系列教学活动的基本框架，展现了具有程序性的教学过程策略体系。基于这一定义，教学模式可以被理解为在相关教学思想指导下形成的相对稳定的教学过程与结构。

自主协作体育教学模式不仅是一个学习过程，还是一种深度的探索与合作。它以学生自主参与和自我驱动为基础，强调学生在学习过程中的自我判断、监控和评价。教师在这一过程中扮演着指导者和促进者的角色，提供必要的指导和帮助。该模式以协作小组为基本单位，旨在激发学生的发散思维、促进交流与协作，从而深化学生对所学知识的理解。通过这种方式，学生不仅能实现预设的学习目

---

① 乔伊斯. 教学模式 [M]. 北京：中国轻工业出版社，2002.

标，还能持续提升自身的自主学习能力。这种模式的原理源于对自主学习能力特点的深入理解，并紧密结合了当前大学生学习的实际情况以及社会对人才的需求。

二、自主协作体育教学模式的环节

在自主协作体育教学模式中，以下关键环节需要特别注意。首先，对学生进行合理的分组是后续教学的基础，这有助于确保每个学生都能在团队中找到自己的位置。其次，教师在整个教学过程中主要起辅助作用，通过对学生的引导和指导，确保教学目标的顺利实现。学生将在既定的教学目标下自主选择适合自己的学习方法，这一过程有助于培养他们的独立学习能力。同时，我们鼓励学生之间的协作和交流，通过小组讨论和全班分享的形式，促进学生之间的知识共享和共同进步。最后，教学评价也是至关重要的环节。我们采用多元化的评价方式，包括学生互评、自评以及教师评价等，从多个维度全面评估学生的学习成果。评价内容将关注目标的达成度、自主学习能力以及团队协作状态等方面，旨在帮助学生更好地了解自己的学习状况。评价过程以小组为单位进行，这样可以促进学生团队协作能力和集体智慧的发挥，从而弥补传统教学模式的不足。通过自主学习、小组协作、全班交流和教师点评等环节的有机结合，可以使教学更加高效和有针对性，进而更好地满足学生的学习需求。

三、自主协作体育教学模式的构成要素

在自主协作体育教学模式中，关键组成部分包括：

（一）协作小组

作为自主协作教学模式的核心，协作小组的构建对学习成果具有重大影响。一般而言，最佳协作小组的规模为 10～12 人，遵循同组异质、异组同质的分组原则。此类分组有助于实现学习效果的互补，促进学生间的协作与交流。

（二）学习者

在自主协作体育教学模式中，学习者作为核心参与者，占据主导地位。教师则会根据学生的学业成绩、认知能力、兴趣爱好等多方面因素，精心地将他们分

配到各个协作小组中。这样的教学模式旨在通过团队协作让学习者在实践中锻炼自己，提高知识与技能水平。在具体的实施过程中，教师会根据教学目标和要求，设计各种形式的协作活动。学习者在参与这些活动的过程中，不仅能够提升自己的体育技能，还能培养自己的责任感和集体荣誉感。

（三）体育教师

在自主协作体育教学模式中，教师扮演着至关重要的角色，他们的专业素质和职业道德对于学生的学习成果和综合素质的提升具有深远的影响。作为一种创新的教学模式，自主协作体育教学强调教师与学生之间的互动，以及学生之间的合作与交流。在这种模式下，教师不仅需要具备高水平的专业素质，还要具备优秀的职业道德，以确保教学过程的顺利进行和学生的全面发展。作为模式设计者和学生学习成果的评价者，教师应客观、公正地评价学生的学习成果，以提高学生的团结协作能力、人际交往能力以及社会适应能力。

（四）教学环境

教学环境是自主协作体育教学模式的重要支撑。体育教师需要充分运用各类可用资源，为学生的学习提供优质服务，这涉及学习的物质环境和社会环境两个方面。在物质环境方面，教师应合理利用各类场地、器材进行体育教学，并借助书籍、电视、网络等设施帮助学生更清晰地学习体育知识和技能；在社会环境方面，教师应鼓励学生主动与同学交流、合作和互相帮助。此类小组间的交流与协作有助于提高学习效率，获取更多知识，并激发学生的思维能力。

四、自主协作体育教学模式的特点

（一）主体性

在主体性方面，在自主协作体育教学模式中，教师承担着指导者和评价者的重要角色，摒弃了传统的教师讲解示范、学生练习的方式，转而致力于充分挖掘每个学生的潜能，培养他们成为自主学习的主人。例如，在田径接力传接棒的教学中，教师积极引导学生主动探索传接棒技术，学生则根据自身已有知识，结合对传、接棒技术的理解，进行分组竞争性练习，从而准确掌握握棒方法和把握传、接棒的最佳时机。

（二）创造性

在创造性方面，教师激发学生的创造力，引导他们发现问题、思考问题并寻求创造性的解决方案。在自主协作教学模式中，学生通过小组讨论和交流，拓宽思维视野，寻找最佳的解决问题的方法。以标枪教学为例，学生会进行分组讨论并找出错误的出手角度，以及错误的原因，从而提高学习效率。

（三）团队性

在团队性方面，学生在与队友共同学习和进行经验分享的过程中，学会了互助与配合，培养了承担责任和合作共享的品质。应当特别注重培养学生的集体荣誉感，通过要求小组成员共同完成任务和目标，使学生意识到分工协作、共同探讨解决问题的重要性。例如，在 100 米接力全程跑教学中，学生应共同讨论并根据组员特点确定传接棒顺序，从而加强团队合作。

（四）育人性

在育人性方面，应当致力于促进全体学生的全面发展，通过教学过程中的鼓励、帮助与竞争以及学生之间的技术探讨和交流，帮助学生克服心理障碍、增强自信、挑战自我。这些举措有助于培养学生的耐力、意志力和团结协作能力。

第二节　高校体育俱乐部教学模式

高校体育俱乐部教学模式高度契合高校人才培养的核心目标，充分考虑了大学生对体育教学的实际需求。该模式注重发挥学生的个人体育才能、兴趣与爱好，确保学生掌握长期锻炼身体的技能和方法，为他们的终身健康奠定坚实的基础。该教学模式允许学生依据自身兴趣和体育基础选择课程，且课程参与不受时间限制。因此，俱乐部教学模式以学生的实际需求为核心，推动了终身体育观念的普及。高校体育俱乐部教学模式是我国高校体育教育改革的必然趋势，对实现学校体育目标、推行终身体育思想具有深远影响。

一、高校体育俱乐部教学模式的定位

（一）高校体育俱乐部教学的含义

体育俱乐部作为一种独特的高校教学模式，核心理念是将体育教学、课外体育、运动训练和群体竞赛等多种体育活动有机融合在一起。这种模式以体育练习者的自觉意识为基础，能够充分发挥学校的运动场馆资源，以俱乐部的组织形式进行运作。

高校体育俱乐部的成立旨在提高学生的体育文化素养，并增进彼此间的友谊。它提倡健康、科学、文明的生活方式，能够使参与者养成终身体育锻炼的良好习惯。

（二）高校体育俱乐部教学的类型

根据性质和功能，高校体育俱乐部大致可分为三类：课外体育俱乐部、课内体育俱乐部和课内外结合的体育俱乐部。课外体育俱乐部是对体育课的延伸和补充，主要目标是让学生在自主、自愿的基础上，养成积极参与体育活动的习惯，从而提高整个学校的体育水平；课内体育俱乐部以现代教育思想和理论为依托，能够充分体现人本主义教育理念，通过引入现代教育手段和方法，课内体育俱乐部为学生提供了一个充满活力、富有创意的体育教育环境；课内外结合的体育俱乐部是伴随着终身体育的兴起而诞生的，它将体育教育贯穿于学生的整个学习过程，能够使学生在不断实践中提高自己的体育技能和综合素质。

（三）高校体育俱乐部教学的特征

1. 内容的丰富性

高校体育俱乐部项目设置丰富多样，不仅涵盖篮球、足球、排球等传统课程，同时还提供了一些在学校环境下难以实施的体育项目。这些独特的项目包括登山、定向越野、野外生存、攀岩等。俱乐部为学生提供了多元化的运动选择，让他们在课余时间可以充分释放活力、锻炼身体。体育俱乐部的设立不仅是对传统体育课程的有力补充，还是学生全面发展的重要保障。通过参与丰富多样的体育活动，学生在提升身体素质的同时，也培养了良好的心理素质和团队协作能力。

2.过程的主动性

在教育领域,引导学生依据个人兴趣选择运动项目的重要性日益凸显。兴趣作为学生主动学习、积极思考、勇于探索的内在驱动力,对于提高学生的运动技能水平和养成终身锻炼的习惯具有至关重要的作用。当一个学生对某项运动产生浓厚的兴趣时,他才会积极参与并致力于提高自己的技能。这种兴趣和热爱使学生在不断进步中感受到巨大的满足,从而体验到运动的愉悦。这种愉悦感能够使他们更加坚定地进行锻炼,最终形成自觉终身锻炼的习惯。只有经过这样的过程,终身体育思想才能深入人心,成为学生日常生活的一部分。然而,在现实中,很多学校由于班级学生人数多、体育教师配备不足以及场地器材缺乏等原因,往往无法按照学生的兴趣进行分班或分组练习,体育俱乐部的兴起提供了一个很好的解决方案。

3.目的的多样性

在俱乐部选择自己喜欢的运动作为常练项目,这是学生培养运动兴趣、提高运动技能的第一步。人们往往会对感兴趣的事物投入更多的热情,因此在选择运动项目时,要充分考虑个人的喜好和潜能。每天坚持一小时的锻炼,是提高运动技能的关键。运动生理学研究表明,持续、规律的运动有助于身体机能的提升。学生受到别人肯定或自我满足后,会更加热爱运动,也会更加努力地去提高自身的身体素质。在这个过程中,逐渐形成一个良性循环,促使学生不断地追求进步,挑战自己的极限。这种良性循环会使学生在运动道路上越走越远,也可以为学生带来更多的荣誉和成就。

(四)选择体育俱乐部教学模式的原则

首先,教师应当根据学生的兴趣爱好合理安排教学内容。其次,教师需要激发学生的求知欲,让他们对知识产生渴望。当学生的求知欲被激发出来后,他们会更加主动地参与到学习过程中,从而提高学习效果。此外,还应该强调"以人为本"的教育理念。这意味着教师需要尊重学生的个性差异,让他们在学习和生活中保持尊严。在教学过程中,教师的角色也需要转变。他们不再是知识的传授者,而是学生学习的指导者。在教学内容的构造和顺序排列上,教师应尊重学生对运动的求知欲。这意味着教学内容应具有一定的连续性和层次性,让学生在掌握基本技能的基础上，逐步深入了解运动项目的内涵。[1]

二、高校体育推行俱乐部教学模式的实际意义

（一）有助于树立终身体育思想

体育俱乐部是一种重要的体育活动形式，它对于完善我国高校体育工作体系以及培养大学生体育意识具有极为重要的推动作用。体育俱乐部的设立，不仅打破了传统体育课程课时的限制，还将大学生的体育教育教学过程贯穿于整个大学教育阶段，实现了体育教育与综合素质教育的有机结合。它有助于培养大学生的体育兴趣、提高体育意识，并为他们提供一个将体育锻炼融入日常生活的平台。我们应当积极探索和推广体育俱乐部的模式，为我国高校体育教育事业的发展贡献力量。

（二）确立了健康体育思想

中共中央、国务院《关于深化教育改革全面推进素质教育的决定》明确指出："健康体魄是青少年为祖国和人民服务的前提，是中华民族旺盛生命力的体现。学校体育要树立'健康第一'的指导思想。"[2] 体育俱乐部教学模式秉持"健康第一"的核心理念，对传统教学方式、方法和手段进行了深入改革，为了更好地满足不同学生的需求，调整了教学内容，降低了运动技能学习的比例，增加了以增进学生健康为主要目的的项目。在新的教学模式下，体育俱乐部引入了瑜伽、毽球、攀岩等多元化的体育项目。这些项目既能满足学生锻炼身体的需求，又能增强他们的身心健康。

（三）有助于更好地激发学生的体育兴趣

在课程设置上，体育俱乐部敢于突破传统模式的束缚，以学生为主体，开设丰富多样的俱乐部课程。这些课程充分考虑学生的个人兴趣和需求，让他们能够

① 陈中华，于洋. 体育俱乐部教学模式下学校体育管理变革初探 [J]. 内蒙古体育科技，2006（1）：109-110.
② 许斌，戴永冠. 俱乐部制体育教学体系的理论与实践研究 [J]. 广州体育学院学报，2009（7）：115-116.

根据自己的喜好和发展方向选择专项运动。这样的课程设置，不仅满足了不同层次、不同水平学生的需求，还帮助他们有效地学习体育知识、技能。在增强体质、保持健康的同时，学生能在娱乐中享受到运动的乐趣，参与到竞技活动中，实现全面发展。体育俱乐部还注重培养学生的团队合作精神，让他们在锻炼身体的同时，学会与他人协作，培养良好的体育道德。通过参加俱乐部活动，学生不仅在体育技能上得到提升，还在心理健康、社会交往等方面取得很大的进步。

（四）有助于充分结合体育教学与课外体育活动

高校对体育俱乐部的推行旨在解决体育课与课外体育活动脱节的问题。这种模式将传统的体育教学形式与现代俱乐部形式有机融合，构建了一种新型的教与学的综合模式。在这种模式下，学生可以自主选择喜欢的体育项目，教师则在此基础上加强辅导，将这种新的活动形式纳入高校的体育教育管理系统，有目的、有计划地组织学生开展体育活动，对大学生的体育生活进行引导和规范。

（五）有助于合理利用体育设施

在传统的体育教学模式下，上课时间相对固定且集中，容易导致某一时刻某一运动项目的参与人数过多，进而引发该项目的场馆、器材的紧张，而其他项目的场馆和器材设施却处于闲置状态，如此一来，资源浪费现象日益严重。相较于传统的体育教学模式，体育俱乐部模式具有明显的优势。首先，俱乐部模式时间灵活，学生可以根据自己的作息安排选择上课时间。其次，俱乐部模式提供的运动项目丰富多样，学生可以根据个人兴趣和需求进行选择。这种灵活性和多样性使得场地、器材设施得到最大限度的应用，减少了资源浪费。

（六）有助于促进校园文化的建设

近年来，随着我国高校体育教育的不断创新与发展，体育俱乐部作为一种新型校园体育文化活动，逐渐在各大高校崭露头角。作为一种全新的体育教学模式，体育俱乐部适应了当前形势和高校实际需求，因此得到广泛的认同和应用。在短时间内，体育俱乐部已成为校园文化的热点，引领着校园体育活动的潮流。正是在体育俱乐部的带动下，校园体育文化上升到新的层次。体育俱乐部不仅丰富了校园体育文化的内涵，还为整个校园文化的发展注入了新的活力。它为学生提供了一个展示自我、锻炼身体、交流思想的平台，使学生的校园生活更加丰富多彩。体育俱乐部作为高校新型体育文化活动，以其独特的魅力和优势为校园体育文化的发展注入了新的活力。在未来的发展中，体育俱乐部将继续发挥重要作用，推动我国高校体育教育的创新与进步。

（七）有助于促进社区体育的发展

社区体育是我国体育事业的重要组成部分，它以社区为单位，充分利用辖区内的自然环境和体育设施，以社区成员为主体，旨在满足他们的体育需求，增进成员间的感情。这种区域性体育活动的开展，有助于提高社区居民的生活质量，促进社区的和谐发展。合理利用社区附近的高校资源，为社区体育辅导员提供体育专业知识和发展平台，将有助于他们更好地适应社会发展的新要求，为我国社区体育事业的繁荣作出更大的贡献。

三、高校体育教学推行俱乐部模式的发展策略

高校体育俱乐部有利于培养学生的终身体育意识，提高学生的体育兴趣，并促使学生养成终身参加体育锻炼的习惯。在当前教育背景下，高校体育俱乐部已经成为体育教育改革的重要方向，同时也是终身体育思想在高校体育发展中的具体体现。通过加入体育俱乐部，学生能够在课余时间参与丰富多样的体育活动，从而在潜移默化中增强体质，培养运动技能，进而形成长期参与体育运动的自觉性。

（一）"以学生为本"的俱乐部教学模式

高校体育俱乐部教学应当致力于创建"以学生为本"的学习环境。"以学生为本"的体育俱乐部在教学组织形式上具有很大的灵活性，学生可以自由选课，根据自己的需求和兴趣选择上课时间以及任课教师。在教学组织方面，体育俱乐部致力于提供多样化的教学方式，尽可能地满足学生的体育爱好。在师生关系方面，"以学生为本"的体育俱乐部强调教师与学生之间的相互合作。"以学生为本"的体育俱乐部教学模式具有时代性、社会性、针对性、适应性、可操作性和实效性等突出特点，具有明显的优越性。这种教学模式符合时代发展的需求，注重培

养学生的社会责任感，针对学生的个性化需求进行教学，具有较强的适应性和可操作性，能够有效地提高学生的体育素养。

（二）课内外一体化的俱乐部教学模式

课内外一体化的俱乐部教学模式是我国教育部门为实现学生全面发展和身体健康而积极推广的一种创新体育教学模式。该模式以学校体育场馆为依托，充分体现了"健康第一"和"终身体育"的教育理念。这一教学模式不仅承担着课内体育课堂教学任务，还兼顾课外余暇体育锻炼、群体竞赛和业余训练功能。在我国，许多高校已经开始实施课内教学俱乐部和课外体育俱乐部，取得了丰富的经验，为实施课内外一体化体育教学模式提供了坚实的基础。课内外一体化俱乐部教学模式将成为我国高校体育改革在一段时期内发展的主流方向，教育部门应加大推广力度，引导学校积极开展此项改革，以期为我国学校体育教育事业注入新的活力，助力学生全面发展。同时，各地区和学校也应根据自身实际情况，不断探索和优化课内外一体化体育教学模式，为我国体育教育事业贡献智慧和力量。

（三）完善管理体系

高校体育俱乐部作为培养学生体育兴趣、提升学生体质的重要平台，应当健全运行机制，完善管理体系，进而确保俱乐部的各项工作有序开展。在此基础上，体育俱乐部需要明确各职责部门，建立科学完整的规范体系，以实现俱乐部的可持续发展。首先，高校体育俱乐部应健全各类组织机构，确保组织架构清晰、职能明确；其次，体育俱乐部应在尊重俱乐部自主操作管理的前提下，对各俱乐部的活动进行指导、检查和评价，确保活动质量；再次，体育俱乐部需制定严格的管理办法和考勤制度，确保成员的出勤率和参与度；最后，体育俱乐部应在大学生充分自主管理的基础上，持续、规范、科学的向前发展。总之，高校体育俱乐部要想实现持续、规范、科学地发展，就必须健全运行机制、完善管理体系、明确职责分工、制定相关制度、加强指导与评价，以及注重创新与人才培养。在充分发挥学生自主管理能力的前提下，体育俱乐部必将为我国高校体育教育事业作出更大贡献。

（四）建立评价体系

高校体育俱乐部教学模式中应建立科学的评价体系，这一体系应充分体现"以人为本"的精神。需要注意的是，该评价体系的内容和机制因面向的主体不同而有所差异。

首先，我们应该为学生建立一个兼顾个体间差异性的评价体系，突出教育主体的人格特征。这一评价体系要将过程与结果相结合，全面评价学生的体育知识、技能、方法的学习情况以及行为规范和科学健身态度的养成情况。其次，这一评价体系不应挫伤学生的积极性，反而应有助于实现锻炼目标和育人目标。它不应过于注重表面的成绩，应关注能力增长的内在过程。将这种评价体系合理地运用于教学中，有助于培养学生全面发展的体育素养。

此外，我们还应建立一个动态的选项、择师、评教机制。学生有权选择适合自己的体育项目和教师，这种选择过程应是完全动态的。学生对教师的评价也应是随机的，以保证教师始终保持教育教学的激情和责任感。教师和学生的主体地位将发生变化，教师不仅是教育教学的执行者，而是和学生一起成为体育教育的参与者。这种变化将给体育教师带来职业危机感，从而使他们发挥更大的主观能动性，为提高教育教学质量而努力。

（五）项目设置的非竞技性

高校体育俱乐部教学的主要目的是提高学生的身体素质、强化学生的身心健康，这与体育院校的竞技体育教学有着明显的区别。在体育俱乐部的教学过程中，教师需要关注学生的需求，以趣味性和挑战性为原则选择适合的项目。首先，要尽量避开那些单调乏味的技术训练项目，如中长跑、竞走等。当然，也不能过于随意地选择项目，项目既要具有趣味性，能够吸引学生参与，又要具有一定的挑战性，让学生在锻炼中不断突破自己。其次，要充分考虑学生的性别差异。最后，要注意专项体育俱乐部不仅是为了在校期间的教学，还是为了学生的终身发展。开设这些俱乐部项目，可以让学生在娱乐中健身，在"玩"中锻炼，从而形成良好的锻炼习惯。

（六）获取体育赞助

体育赞助作为一项商业活动，不仅为企业与体育组织之间搭建起互利共赢的桥梁，同时也为高校体育事业提供了有力的资金和物质支持。体育赞助是指企业与体育组织（被赞助者）合作，企业向体育组织提供资金或劳务等支持，体育组织则以广告、冠名、专利等无形资产作为回报，使两者平等互利、共同受益的商业活动。体育赞助是双方互相支持和合作的产物，既能为企业带来广告效应和品牌价值，也能为体育组织提供资金和资源保障。体育赞助涉及的范围广泛，包括赛事、运动员、体育场馆等多个方面。通过体育赞助活动，高校可以获得来自赞助企业的资金和物质支持，弥补俱乐部活动资金的不足，有利于推动高校体育活动的开展。体育赞助能为高校体育事业提供丰富的资源，从而提高体育活动的水平，培养更多优秀的运动员和教练员。体育赞助对高校体育事业发展具有重要意义，我们应充分认识到体育赞助的重要性，加大高校体育资源市场的宣传力度，鼓励企业、公司和个人对高校体育事业进行商业性赞助。在"双赢"的前提下，最大限度地让利于公司、企业，推动高校体育事业健康发展。

（七）加强师资力量

体育教师的专业素质在高校体育俱乐部的开展中起着至关重要的作用。为了提升教师队伍的整体素质，我们需要制订一套有效且循序渐进的发展计划。这一计划应包括多形式、多渠道的培训方式，以增强教师的业务能力。首先，应营造良好的外部环境，用以提升高校体育教师的专业素质。该环境应能支持教师及时了解和掌握最新的体育知识，建立终身学习机制。其次，要持续提高教师的专业素质，增强他们的科研能力。这可以通过开展各种形式的培训来实现，如长期培训与短期培训相结合、脱产与业余相结合、公费与自费相结合等。最后，要重点关注对青年教师的培养，提升他们的专业素养和实际工作能力。同时，要注重选拔和培养具有潜力的青年教师充实教师队伍，保证高校体育教育的未来发展。

第三节 运动处方教学模式

一、高校体育实施运动处方教学模式的必要性

（一）我国高校体育教学的现状

体育是一门具有特殊作用的学科，能对学生的一生产生积极的影响。20 世纪 80 年代以来，我国体育教学领域发生了翻天覆地的变化，这些变化不仅体现在国外先进体育教学思想的引进、我国体育教学改革的深入推进和大学体育课程指导纲要的颁布和实施方面，还表现在一系列新颖且实效的体育教学方法的相继诞生上。每一种体育教学方法，都对完成教学任务、提高教学质量具有独特的作用。

我国教育部门提倡实施分层教学法。分层教学法是一种针对不同水平、不同需求的学生进行个性化教学的方法。它使教师在教育教学过程中不再单纯地以整体传授知识为主，而是更加注重每个学生学习的主动性，增强不同水平学生自主学习的能力。在这种教学模式下，教师能够根据学生的实际需求制订合适的教学计划，使得教学过程更具针对性和实效性。运动处方教学模式更能适应现代教育教学机制的要求，强调教师与学生之间的互动，促使学生主动参与体育学习，能够提高学生的自主学习能力和运动技能。通过这种教学模式，教师能够更好地关注每个学生的成长，使他们在体育课程中得到充分锻炼，从而在全校形成教师愿意教、学生愿意学的融洽的教学氛围。

（二）运动处方教学模式是一种教学新方法

运动处方教学模式是一种具有针对性和目的性的科学教育模式，这种教学模式以受教育者的身体素质为基准，为他们量身定制，旨在实现特定教育目标。相较于其他教育教学方法，运动处方教学模式具有更高的实用价值和优势。运动处方教学模式注重个体差异，为每个学生制定个性化的教学目标，而非强调整体的发展。这种方法有利于激发全民参与体育锻炼的积极性，能够使更多的人参与健康运动。与此同时，运动处方教学模式还有助于提高体育教育的质量和效果，使教育更能满足社会和个人的需求。

（三）运动处方教学模式的特点

运动处方教学模式是一种以明确目标为导向、因材施教的教育方法。这种模式根据每个受教育者不同的身体素质，为其量身定制教学计划，以达到既定的健身目标。在运动处方教学模式下，每个学生都能获得适合自己的锻炼方式，从而提高运动效果。

运动处方教学模式具有很强的针对性，依据每个受教育者自身的身体素质制定和实施教学方案。这种模式充分考虑了个体的差异，因此能够取得显著的教学效果。在针对性教学过程中，教师可以根据学生的实际情况调整教学内容和难度，确保每个学生都能在适合自己的教学中得到锻炼。

运动处方教学模式的制定和实施，严格遵循康复体育、临床医学、运动学等学科的要求。这种模式具有较强的科学性，能够在较短的时间内帮助学生取得较明显的健身效果。运动处方教学模式不仅注重教学目标的明确性，还强调教学方法的个性化，使学生在科学的指导下更有效地达到健身目标。

（四）运动处方教学模式的实施意义

实施运动处方教学模式有利于实现学生德、智、体、美的有机统一。在新时代的教育教学过程中，尤其在体育教学领域，我们应当更加注重学生的全面发展。这意味着不仅要关注全体学生，还要特别关注特殊个体学生的全面发展。运动处方教学模式的实施，有助于我们从整体上把握教育教学的方向，同时关注每个学生的个性差异。通过这种教学方式，受教育群体能够在德、智、体、美各方面实现全面健康发展。在我国教育体系中，德育、智育、体育和美育是相辅相成的，运动处方教学法恰好能够满足这一需求。

运动处方教育模式是一种以个体为中心、注重受教育者主体地位的教学方法。在这种教育模式下，教师以满足受教育者的身体需求为目标，因材施教，制定出符合学生实际需求的教育教学目标。在这一过程中，学生的主体地位被放在重要位置，不仅激发了学生学习的积极性，而且有助于提高学生的身体素质，帮助学生正确掌握技战术。运动处方教学模式注重个体差异，教师会针对每个学生的特点和需求进行有针对性的教学。这种因材施教的教学方法有助于激发学生的潜能，让他们在运动中不断进步。教师通过精准的教学目标和有效的教学方法，能够引导学生主动参与运动，提升他们的运动技能和体能。同时，学生在这种教育环境下会更加自觉地承担起学习的主体责任，发挥自己的主观能动性，实现自我成长。

在实施过程中，教师需要注重新颖性、实际性与可操作性，以此激发学生的求知欲，并保持他们的注意力。传统的教学方法过分注重运动技能知识的灌输，往往局限于一种固定程序的单向知识、技能的传递。这种模式不仅单调乏味，还可能让学生对体育产生排斥心理。运动处方教学模式强调教法的新颖性、实际性与可操作性，这意味着教师需要根据学生的实际情况和需求设计出具有创意的教学方案。在教学过程中，教师要注重培养学生的动手能力、思考能力和团队协作精神，使他们在实践中掌握运动技能，从而达到学以致用的目的。

二、高校体育实施运动处方教学模式的理论依据

体育教育在高校学生的课程设置中占据重要的地位，它的复杂性特点使得教师在教学过程中面临种种挑战。学生的身体素质和运动方式因人而异，这给教学带来很大的困难。在当前环境下，如何提高学生的体育素质是一项紧迫的任务。因此，对教学方法进行改革显得尤为关键。运动处方教学模式在实施过程中应遵循以下原则，以实现更高效、更具针对性的体育教育。

第一，运动处方教学模式是一种针对个体差异进行教学的方法，它强调因人而异、灵活地调整教学目标和计划。这意味着在教学过程中，教师需要充分了解学生的身体状况、技能水平和运动需求，从而制订出符合学生实际条件的教学计划。

第二，运动处方教学模式是一种针对不同个体的身体素质，旨在提高全民健康水平的教学方法。在实施运动处方教学模式时，有效性原则是至关重要的指导原则。有效性原则要求我们在教学过程中始终以既定的目标为导向，确保所有参与者在运动中得到适当锻炼，从而达到运动处方教学的最终目的。

第三，运动处方教学模式是在遵循安全原则的基础上，为锻炼者量身定制的教学模式。这种模式充分考虑了每个人的身体状况和运动能力，并为之制定出符合个人需求的运动方案，从而确保受教育者在锻炼过程中身心健康。

我国高校在开展体育教学的过程中，要从全局的角度出发，致力于培养学生

全面发展的能力，激发他们的学习兴趣，进而提升他们的创新精神、实践能力以及自我发展能力。

第一，运动处方教学模式与传统教学方法存在显著差异，它以全体学生对教学内容的深入领会和理解为重心，致力于提升学生学习的积极性和主动性。

第二，在高校体育教学中应用运动处方教学模式，能够最大限度地激发每个学生的学习热情，实现全体学生的全面发展。

第三，实践证明，运动处方教学模式在高校教学中具有显著效果。它不仅有助于提高全体学生的学习能力，还能有效提升教学质量，为培养高素质的体育人才奠定基础。

第四，运动处方教学模式具有很强的针对性，能针对不同层次、不同技能水平的学生制定相应的教学目标。在教学过程中，教师需充分考虑学生的个体差异以及各个层次学生的学习特点。运动处方教学模式是一个动态分层的教学过程，教师应根据学生的实际掌握水平及时调整教学层次，确保训练效果的实现。

高校的体育教学模式改革是一项紧密贴合当今教育发展趋势的重要任务。在教育实践的过程中，我们需要不断地对教学模式进行创新和优化，使之更加符合现代教育理念。同时，在理论研究上也必须进行全面且深入的探讨，以期推动我国高校体育教育现代化的步伐。

第四节　"三联互动"教学模式

高校体育教学改革一直是广大高校体育教师积极探索和创新的重大问题。在过去的几年里，我国教育部门也高度重视这一领域，积极推动体育教学改革。通过不断地实践和探索，目前已经创造出许多新的教学模式，如开放教学模式、自主教学模式、体验教学模式等，这些新模式不仅体现了高校体育教师的创新精神，还有力地推动了高校体育教学质量和教学效果的提升，并取得了显著的成效。在我国大力实施"人才强国"战略的历史条件下，高校体育的地位和作用日益凸显，不仅承载着提升学生身体素质的任务，还应该承担起使学生身体健壮、心理健康、人格健全的任务。由于大学是 90% 以上学生在校学习的最后一站，高校体育更要承担起激发学生体育意识和培养学生终身体育习惯的任务。只有这样，才能体现出高校体育教学的科学性和持续性。在未来的改革过程中，广大高校体育教师要继续发扬创新精神、与时俱进，为我国高校体育教育事业贡献自己的力量。

一、高校体育"三联互动"教学模式概述

（一）基本内涵

高校体育"三联互动"教学模式是一种开放教学模式、自主教学模式和体验式教学模式紧密融合、相互促进、相互支持的教学模式。这种教学模式有助于培养学生的独立思考能力、自主学习能力，使他们在体育学习中取得更好的成绩。"三联互动"教学模式有助于提高学生的学习积极性、主动性和创造性，培养出更多具备综合素质的体育人才。我国高校体育教育领域应当积极推广和实践这种教学模式，为我国体育事业的繁荣和发展贡献力量。

在高校体育教学中，开放教学模式的核心目标在于提升体育教学的灵活性、选择性和广泛性，从而使高校体育教育焕发出全新的活力。开放教学模式的开放并非局限于某一特定方面，而是全方位的开放。它要求我们对教学内容、教学方法、教学评价进行深入改革，同时开放教学组织、教学时空、教学领域，以满足时代发展的需求。开放教学模式能够借助校内与校外两个平台拓宽学生的视野，校内平台提供丰富的课程资源和专业指导，校外平台则让学生有机会接触社会、锻炼实践能力。

自主教育理念在体育教学中具有重要意义。自主教学模式是一种以学生为主体，鼓励、支持、引导他们自发地进行学习的教育模式，旨在培养学生的体育意识和自学能力。自主教育理念的核心观点是，只有当学生对体育学习充满热情和兴趣时，他们才能更好地投入体育学习，才能主动掌握和理解科学的学习方法和锻炼流程。倡导自主教育理念的根本原因在于能够激发学生的学习动力、学习毅力和学习能力，使他们在体育学习中具备更强的自我驱动力。在这一过程中，学生不仅能形成良好的体育意识，还能掌握一定的体育技能，为终身体育锻炼打下坚实的基础。

体验教育理念在高校体育教学中占据至关重要的地位，它倡导将体验式教学模式纳入教学体系，并将其视为教学的核心。体验式教学模式以学生为主体，强

调他们在体育教学中的参与和投入，旨在通过丰富的体验激发体育教学的活力，使学生在身体和心灵上得到全面锻炼。体验式教学模式鼓励学生积极参与、全心投入，进而让他们在教学体验中有所感悟、有所启发、有所提升。通过这种方式，学生不仅能在体育运动中感受到体育的魅力，还能品味生活的美好，领悟人性的真谛。

（二）核心理念

高校体育"三联互动"教学模式旨在全面提升学生的身体素质、心理健康和人格素质，并培养他们终身参与体育的意识和习惯。在开放的环境和丰富的资源条件下，学生可以根据个人的身体状况、兴趣爱好和需求，自主选择体育学习项目，安排学习时间和方式。高校体育"三联互动"教学的核心理念是以学生为中心，关注个体差异，充分挖掘学生的潜能，培养学生自主锻炼的习惯和终身体育的意识。通过这一教学模式，学生在获得身心健康的同时，也能够培养健全的人格，进而成长为全面发展的人才。

（三）重要特点

"生活化"高校体育教育改革的一大亮点，体现在"三联互动"模式中的方方面面，这种模式通过将高校体育教学与学生的日常生活紧密相连，使得教学内容、教学组织、学习过程以及学习效果都充满生活气息。教学内容的生活化意味着体育教育不再局限于理论知识的传授，而是注重将体育技能与学生的日常生活相结合。这样一来，学生在学习体育的过程中，就能够将所学知识应用到日常生活中，进而养成良好的生活习惯。

二、高校体育"三联互动"教学模式的实施策略

（一）学习情况的诊断

在实施"三联互动"教学模式的过程中，首要任务是对学生的身心健康、运动兴趣、运动参与度、心理健康以及社会适应能力等进行深入的调查和诊断。沟通交流是教学过程中的重要环节，教师和学生之间的良好沟通能够帮助教师了解学生的需求和困惑，从而更好地对学生进行教学指导。此外，网络等载体的运用

也能拓宽教学渠道，提高教学效率。通过这些手段，学生可以根据已建立的诊断体系指标，找到适合自己的学习方法和目标。在教学过程中，教师应充分利用计算机辅助软件对学生的情况进行综合分析，这样既能准确掌握学生的学习兴趣、学习意识、学习项目和学习特点等关键信息，也能找到有针对性的教学策略。

（二）学习目标的确立

在学生的学习过程中，诊断结果和教师的指导意见起着至关重要的作用，可以帮助学生明确自己在某一学段或某一时期内需要努力的方向，从而确立阶段性的学习目标。在这一过程中，教师需要充分发挥其指导、引导和教导的"三导"作用。教师需要为学生提供有效的教学策略，以帮助学生根据自己的身体状况、运动兴趣、运动参与度、心理健康以及社会适应能力等方面的具体细则，制定出符合自身实际、运动实际和发展实际的学习目标。当学生确立学习目标后，教师还需要引导他们理解并认同这些目标的重要性。这样，学生在学习体育的过程中就会具有"自主性"，也能够自发地激发学习兴趣和激情。

（三）学习计划的制订

学习计划是学生实现学习目标的重要保障。为了确保学习计划的实施效果，学生应根据已确立的学习目标，制订出详细、具体、可操作的学习计划。在这一过程中，教师的角色依然至关重要，他们需要对学生制订的学习计划进行逐一审视和分析，以便帮助学生更好地完善计划，使之更符合实际需求。

（四）学习内容的实施

在学生的学习过程中，教师不仅需要为学生制订学习计划，还需要根据每个学生选择的学习内容的不同，引导其采用适合的学习方式。总的来说，学习过程可以分为三个主要阶段：引导与尝试体验阶段、指导与主动体验阶段以及协助与自主体验阶段。在引导与尝试体验阶段，教师的主要任务是引导学生了解学习内容的基本特点、学习的意义，并激发他们的学习兴趣。在指导与主动体验阶段，教师需要注重体现学生的主体地位，引导学生发挥主观能动性。教师的角色从引导者转变为指导者，需要指导学生运用学习策略，以便学生能够主动地获取学习经验。最后一个阶段是协助与自主体验阶段，这也是"三联互动"模式的核心阶段。在这个阶段，教师需要协助学生运用更好的学习策略，进而提高他们的体育学习能力。这是一个长期的过程，需要教师耐心地指导和支持。同时，教师需要对学生的学习效果进行评价，以便了解学生的学习进度，并随之调整教学策略。

第五节　生态体育教学模式

一、生态体育概述

（一）生态体育的研究现状及其概念

1915 年，美国社会学家 R. 帕克在《城市：对于开展城市环境中人类行为研究的几点意见》一文中最先提出"人类生态学"概念[①]。作为一门较为年轻的学科，生态学的发展较快，无论是研究领域的广阔性，还是与其交叉的学科的数量，都在所有学科中非常突出。如今，教育生态学研究在全球范围内日益受到重视，我国也紧跟这一趋势，对教育生态学的研究不断深入。在世界范围内，面对生态革命和低碳生活的浪潮，体育界正在对现代体育面临的生态问题进行深刻的反思和研究。在我国，生态体育研究领域涌现出一批有影响力的研究成果。其中，蒋训民的《构建高等体育院系的体育生态教育体系》从体系建设的高度对体育生态教育的实施进行了深入探讨。谢雪峰等则在《我国体育生态研究现状与思考》一文中对我国体育生态研究的现状做了详尽梳理。随着时代的发展，生态体育在我国的研究与应用将不断深入。我们有理由相信，在众多学者的共同努力下，我国生态体育事业必将取得更为丰硕的成果。

生态体育简单来说是指人类在自然生态环境和社会生态环境中开展的体育活动，它强调人类、体育与环境的相互协调、共生共荣、共同发展。这一概念致力于构建人与自然、人与社会、人与自身三大和谐关系，从而实现整体上的动态和谐。它将体育活动与自然、社会相结合，旨在实现人类与自然、社会、自身的和谐发展。通过生态体育，我们可以提高人们的环保意识，增进人与人之间的友谊，

---

① 邓跃宁 . 学校体育生态化与发展对策 [J]. 成都体育学院学报，2004，30（5）：89-91.

培养人们的意志品质，从而实现人类与自然、社会、自身的共同繁荣与发展。[①]

（二）生态体育的特性

生态体育的提出不仅丰富了高校体育的教学手段和教学模式，拓展了教学环境和教学场地，也使弱化高校体育场地的局限性成为可能。这一创新理念为我国高校体育教育事业发展带来了新的契机，为提高学生的身体素质和增强学生的环保意识奠定了基础。

1. 自然性

从直观上来讲，生态体育就是将体育活动与生态环境相结合，让学生走出传统的课堂，置身于大自然和社会生态环境之中。在这个过程中，应当充分利用自然资源，让学生在感受自然气息的同时，实现身心全面发展，提升内心的体验感。在体育锻炼中，人们或是为了追求外在的身形之美，或是为了内在的身心愉悦、延长寿命，健康始终是人们不懈追求的目标。这一切也是生态体育的内在价值所在。生态体育不仅关注个体的身体健康，还注重个体与生态环境的互动，强调生命的延续性和可持续性。

2. 时代性

从"更高、更快、更强"到"更干净、更人性、更团结"理念的转变，使得奥林匹克运动更加契合时代的强音。这一转变充分体现了全球各民族平等以及全人类和谐发展的精神，为体育发展提供了更为广阔的空间。生态体育倡导绿色、环保、可持续的发展理念，强调人与自然、人与人之间的和谐共生。在生态体育的大背景下，各高校应当结合当今社会发展的特点以及教育改革的要求，紧扣时代脉搏，创编出适合自身特点的生态体育课程。

3. 层次性

现代体育生态系统是一个极具复杂性的系统，它融合了政治、经济、文化、教育、科学、信息网络等多个方面，形成了多层次的架构。一般来说，它是一个涵盖自然、体育和社会的大系统，在这个系统中，人类是体育的主体，其主观能动性对体育环境效能的发挥产生了深远影响，并在一定程度上制约了这种效能的

---

① 成守允，刘东辉. 论教育生态环境和体育教育生态系统 [J]. 北京体育大学学报，1996，19（3）：12–15.

发挥。在这个大背景下，高校体育教学面临新的挑战。在体育教学中，我们应当注重挖掘各个层次对体育环境效能的影响，通过对人类行为的管理，实现体育的可持续发展。

4. 适应性

从某种程度上来说，生态体育的适应性可以理解为主动适应和不断进化。我们需要对体育人才培养模式进行调整，转向一种适应社会发展，面向未来，注重基础、个性化和素质培养的人才培养模式。

二、高校生态体育教学模式应用分析

（一）高校进行生态体育教学的有利因素

1. 对大学生心理健康的影响

大学时期作为人生的一个重要阶段，标志着大学生开始从校园走向社会。在这一阶段，年轻的心灵逐渐成熟，大学生的人生观、价值观、道德观逐步确立。然而，他们在生理和心理方面尚未完全适应社会。因此，对大学生进行有效管理至关重要，教师应当引导他们树立正确的人生态度，加强心理辅导，避免大学生浪费学业和青春。生态体育作为一种新型教学模式，对大学生的心理健康具有积极作用。研究发现，生态体育在改善社会交往，缓解抑郁、焦虑等方面效果显著，有助于优化学生的心理健康状态。

2. 高科技在高校的运用为构建生态体育体系提供了物质保障

随着现代高科技的飞速发展，高科技在我国体育及相关领域的应用为生态环境的修复提供了新的可能性。通过在体育领域运用高科技手段，我们可以有效地缩短生态环境自我修复的漫长进程。这不仅有助于减轻大自然的负担，也为我国体育事业的可持续发展提供了有力的支持。

3. "绿色奥运"的成功举办为高校生态体育发展模式提供了模板

"绿色奥运、科技奥运、人文奥运"的理念在奥运赛场的软件、硬件设施上得以体现，不仅彰显了我国对环保、科技和人文关怀的重视，也预示着未来体育发展的趋势。事实上，这一理念已经逐渐成为继顾拜旦提出的"和平奥运"之后的主旋律。

（二）高校进行生态体育教学的时代背景

1. 生态环境的恶化

自然生态系统作为人类生存的基石，其重要性不言而喻。在此背景下，高校体育教育展现出独特的优势，在推动生态保护方面起着至关重要的作用。大学生是社会潮流的引领者，在高校体育教育中，我们有必要采用特定的教学模式培养他们的生态理念和环保意识。这样，通过提高自身素质，学生可以将这些理念辐射到周围的人群，进而提高整个社会的生态意识。

2. 体育院校的可持续发展

在高校生源竞争日趋激烈的背景下，特色专业成为吸引优质生源的制胜法宝。因此，探索一种能够体现学校特色、满足学生需求的教学模式至关重要，生态体育教学应运而生。它不仅能够打造学校专业的特色，还能满足学生走出教室、融入自然的需求。这种教学模式还可以有效地缓解体育场地、器材短缺的问题，为学校节省资源。

3. 体育课程的可持续发展

随着时代的不断发展和科技的飞速进步，社会对人才的需求也在持续变化。高校在培养人才的过程中不仅要注重学术知识的传授，还要关注学生的就业能力和社会适应能力。为了满足这一需求，教育改革应运而生。课程设置也需要不断进行调整，以满足社会对各类人才的需求。在高校体育教学中，将体育教学内容与自然生态环境相结合已成为一种趋势。这样的教学方式让学生在锻炼身体的同时，能够感受到大自然的魅力，从而增强自然环境的保护意识。体育教学不再局限于传统的操场和体育馆，而是拓展到更为广阔的自然空间。在课程设置方面，要充分考虑周边环境及季节变化，开展丰富多样的体育项目，以满足社会对体育专业的多元需求。这样一来，高校体育教学既能适应时代发展的要求，又能为我国培养出更多具备就业竞争力和社会责任感的体育人才。

三、高校生态体育教学路径分析

生态体育教学模式是高校体育教学发展的重要路线，能够推进高校体育生态绿色发展，符合当前生态文明建设基本要求。

第一，以生态思想革新教学理念。高校生态体育教学要重视利用生态思想革新传统教学理念。在具体的教学中，体育教师要根据生态文明建设基本要求革新教学理念，加强生态体育宣传，将"以人为本"的基本教学理念和生态体育理念结合起来，强化教学开展，推动生态体育环境建设。

第二，以生态知识丰富教学内容。教学内容是高校生态体育教学路径完善的重点。具体来说，教师在体育教学过程中不仅要向学生传授体育基础知识，还要向学生传授生态知识，在体育运动和生态环境之间建立联系，进而促使学生认识到体育对于生态环境保护的作用。教师在进行体育教学内容选择时，应以户外运动为主，减少室内体育授课比例，同时将体育道德教育作为教学的主要内容，提升学生的体育道德观念，规范学生的体育锻炼行为。

第三，以生态道路创新教学手段。高校生态体育教学要走生态文明建设道路，重视体育课程与环境的协调、平衡。具体来说，教师要选择生态化的教学手段，重视在自然环境中开展教学活动，减少体育器械的使用，提高教学设备使用效率。例如，教师可以采取游戏教学法提高学生的体育兴趣，引导学生在学习生活中积极主动地参与体育锻炼、关注体育运动对生态的影响，进而实现生态体育的发展目标。

第四，以生态思维提升教师能力。教师能力素养提升也是生态环境视域下开展高校体育教学的路径之一。一方面，教师要具备学习能力和生态思维，以此作为自身在生态环境视域下能力提升的基础；另一方面，教师要积极参与生态环境知识和生态体育知识的学习活动，强化自身生态素养，推动体育教学适应生态文明发展。此外，高校要重视体育教师综合能力的培养工作，将生态环境相关的知识作为教师培训工作的基础，提升教师能力，使教师能够适应生态环境下体育教育的发展方向。

第四章　高校体育教学设计实践

教学设计作为一个学科体系，产生于 20 世纪中期，集各学科学术理论于一身而自成体系，是一门以实现教学最优化为目标、实践性较强的应用学科。随着体育教学的发展，如何实现体育教学效果最优化成为教育者关注的重点问题，教学设计因而被引入体育教学领域。本章主要论述高校体育教学设计实践，主要内容包括高校体育教学设计概述、高校体育教学目标设计与实践、高校体育教学组织设计与实践、高校体育教学设计的实践发展。

第一节　高校体育教学设计概述

一、体育教学设计的界定

（一）设计的概念

"设计"一词应用于诸多领域，主要是指在某项工作开展之前，根据一定的要求和目标，预先对工作进行安排与策划。

设计要求计划过程中的精确性和科学性能够真实地反映和作用于某一工作或活动，因而设计者在设计活动中必须做到精确、科学。马虎、粗略的行为方案收效甚微，甚至会起到反向效果，从而浪费时间和资源。

（二）教学设计解析

教学设计兴起于 20 世纪 50 年代，是一门新兴的、具有较强实践性的应用学科，拥有一套基于现代教学技术、教育心理学的现代教学理论。

教学主要是一种通过信息的传播使学生实现预期学习目标的行为活动。在这一过程中，学生逐渐获取信息、习得知识、发展智力、培养能力。教学是一项系统、复杂的工作，是多种要素的协调组合。教学设计则是一种专为解决教学问题的特殊教学活动，具有设计的一般性质，也遵循教学的基本规律。

目前，学术界并没有关于教学设计概念的明确界定，一般都是从教学规划和课程开发等方面对其进行解释。我国教育领域的研究者对教学设计概念的普遍说法是：教学设计是运用系统化的方法，对教学问题进行深入剖析，确立教学目标，制定解决教学问题的方法策略，对实施的成效进行评估，并在此基础上对方案进行优化调整的过程。

1.教学设计者应具备的素质

教学设计者是教学设计方案的制定者、协调者和执行者，教学设计者的能力素质将会直接影响教学设计方案的质量。一般来说，要想制定一个高水平、高质量的教学设计方案，教学设计者应满足以下四点要求：

第一，教学设计者应具备扎实的理论基础知识，包括体育、教育学、传播学、学习信息以及多媒体等多方面知识。

第二，教学设计者应具有一定的教学实践经验。

第三，教学设计者应了解并熟练运用教学设计的原理、方法以及操作技能。

第四，教学设计者应具备科学管理的知识与技术。

教学设计是一门涉及多领域、多学科的交叉性学科，其中涉及的内容并非来源于某一种理论，其理论基础比较广泛。同时，教学设计的目标是解决实际教学问题，因此也是一门应用性学科。由此可见，教学设计对于教学设计者本身素质能力也有一定的要求。教学设计者必须对自己的能力与素质有着清晰的认识和了解，以便进行科学的教学设计实践。

2.教学设计的历史沿革

教学心理学的发展和社会的需求是教学设计理论体系形成与发展的两大核心驱动力。其中，斯金纳、奥苏贝尔和加涅三人提出的理论对教学心理学的发展有重要影响。

（1）教学设计的思想萌芽

教学设计涉及不同领域的知识，是融合不同学科理论而形成的一个新的知识体系，其产生和发展与其他学科，如教育学、传播学和心理学紧密相关。教学设计的构想最初源于杜威，"桥梁科学"是其提出的一套让教学实践和学习理论产生联系、和教学活动相关的理论知识体系。这套体系可以帮助实现教学的优化设计。但在当时由于各种条件的限制，教学设计始终停留在萌芽阶段，没有机会建立起系统的理论体系。

直到第二次世界大战，教学设计的概念才被正式提出。由于战时需要，美军需要进行特殊的培训，从而让他们能够迅速掌握武器的使用技巧。正是因为如此，为了提高培训的质量，一大批在心理学和教育学研究方面有建树的专家被征召起来，共同总结军队学习的规律，并将其运用到教学之中。经过不断地总结，最终形成一整套系统的分析方法。教学设计理论最开始使用的是行为分析方法，拥有特定的学习目标。但遗憾的是，基于这种方法的教学实践都以失败而告终。知名学习心理学家加涅也曾亲身参与这些培训计划，他在实践的基础上总结经验与教训，提出一种新的教学设计思想：知识学习应遵循由简及繁、由浅入深的原则，按照教学步骤逐步展现教学内容，以促进学生对知识的获取。他的这种学习任务分析思想很大地启发了现代的教学设计。

（2）行为主义学习理论对教学设计的影响

在初期阶段，教学设计本身具有鲜明的行为主义色彩，它主要吸收了行为主义的相关理论及方法。20世纪中期，斯金纳基于行为主义心理学思想发展了桑代克的试误说和赫尔S-R理论，提出操作条件反射说，并将其应用到教学实践中。在经过长期的分析研究后，斯金纳提出了操作强化学习理论，并提出使用程序教学方法和实用教学机器进行强化教学。斯金纳的思想理念以及相关的学习原则和开发程序系统方法对教学设计理论模式及其发展影响巨大。

20世纪中期，教育与心理学对教学设计产生重要影响，两个重大的社会事件也为教学设计领域的进展起到强烈的催化作用。第一件事是二战后出生率显著上升，学生人数日益增多，为了应对逐渐增加的教育需求，改进教学方法成为不可逃避的一个现实问题。第二件事是1957年苏联发射的人造卫星让美国深感本国的技术和教育领域的权威地位遭到威胁，于是认识到必须改进自己的教学手段与教学方法。这两件事实际上督促了美国政府加大教育改革的力度，设立大量资金改进和完善目前的教学方法和教学课程。与此同时，由于欧洲地区受二战影响巨大，教育成为战后经济恢复和发展的重要力量。因此，欧洲也在逐渐加大对教育的投入。以德国为例，他们通过扩大教学规模和提升高等教育的比例来发展本国教育，实现国家教育事业的振兴。这同时也带来了一定的挑战，使学校想方设法地提供多样并且充足的教育资源。

20 世纪 60 年代末，系统科学被引入教育领域，与此同时，教育技术也进入了系统方法应用阶段，人们逐渐认识到应用系统方法解决教学设计问题的可行性与重要性。为了设计出一个教学方案，研究者在行为方面明确了教学目标，构想和尝试了一种基于系统理论的教学方法实现了教学目标，进而帮助学生完成了学习任务。

（3）认知学习理论对教学设计的影响

20 世纪六七十年代，认知学习理论代替行为主义理论，一步步变成教学设计领域的指导思想。教学理论也从研究教学的行为模式转变为研究学生的心理过程。基于认知主义学习理论的教学设计重视学生知识技能的习得，以及认知过程中认知能力的培养。因此，此类教学设计表现出封闭且线性的特点，其研究者进而重新审视学习理论，研究能够把教学设计与理论联系起来的方法。除此以外，研究者还研究如何将教学设计运用到具体的学习实践活动中。20 世纪 90 年代，加涅将认知理论与他的教学设计结合起来，形成了态度、言语信息、认知策略、智慧技能和动作技能五大学习结果。基于加涅的思想理论，梅里尔提出了成分呈现理论，运用一种独特的教学呈现分类计数方法向学生传递学习信息并向他们提问，进而将行为表现和学习内容分离，再次拓展了学习结果的分类。

此外，教学设计还运用了认知心理学中有关知识生成的研究结论，由此产生多种多样的学习策略：自我监控策略、信息组织策略、问题解决策略等。新的教学设计观点又在这些研究基础上形成，如复杂学习任务应当建立在掌握低一级任务的基础上等观点。

应该注意的是，认知主义指导下的教学设计并未完全否定行为主义，它有选择地吸收了其中的合理部分。加涅有效结合了二者的理论，主张既要解释人类学习的外部刺激的作用与外在影响，又要解释内部过程的内在条件的作用，这种思想无疑大大促进了教学设计的发展。

（4）教学设计理论的整合

20 世纪 80 年代，在长期的研究分析和有效结合各种教学设计理论之下，终于形成一套有效且科学的总体模式。这种整合之下的教学设计理论强调根据学生的实际需求和学习过程去研究和考虑教学的条件。想要确定教学的步骤、策略和媒体，首先就要明确学生知识学习的整个过程。

赖格卢斯提出的精加工理论强调教学设计者应当通过深入分析研究，对概念进行排列，并考虑概念的重要性、特殊性。教学首先从一般的、宏观的内容开始，逐渐深入和集中到细节的、较高难度的内容，像这样层层推进并整合出一种较大的观点。学生则在这一反复过程中逐渐仔细、深刻地认识知识。这一理论是对加涅、奥苏贝尔等的不同理念和思想的综合。

滕尼森等提出了另外一个教学设计的整合理论。该理论中共有三类知识教学：策略性知识教学、程序性知识教学和陈述性知识教学。每种知识教学都有着各自对应的、根据特定教学内容和学生需求制定的教学策略。分析强调学习情境是这一理论的主要任务，而不是对学习行为特征进行研究。

20 世纪 90 年代，教学设计深受建构主义理论影响。在那个年代，教学设计进一步发展的特征是将媒体、教学情境与学生相结合。建构主义观点认为，学生只有在学习情境中对所学知识进行认识，并在此基础上建立起自己的知识体系，才能够想出更灵活的办法来处理不断变化的学习需求。建构主义始终强调教学的整体性和变化性，这些特征大大影响了教学设计思想的形成：学生的学习内容并不是去拆分各类任务，而是认知知识与技能的有机结合；教学设计的核心在于促进学生对全面知识的习得和应用。

20 世纪 80 年代末到 90 年代初，学习过程和具体领域的能力结构仍然是教学设计的关注点，能力的形成离不开教学设计。尽管教学过程不尽相同，但从总体上来看，教学均呈现出以下特征：首先，学习过程是情境化的，需要运用现有知识解决实际问题并完成指定任务；其次，问题解决策略的运用至关重要。正是如此，行为主义研究者认为情境塑造着学生，认知心理学研究者则认为学习是通过学生自己积极塑造情境去实现的。

3. 教学设计的发展趋势

（1）教学设计越来越重视跨学科、跨领域研究与应用

在更深入的分析实践中，教育学的研究日益呈现出跨学科的特点，教学设计的研究也逐渐进入一个更广泛的领域。该领域还包括社会学、哲学、心理学、语

言学、系统科学、人类学、信息科学与技术等不同的学科。教学设计的思想理念在新的研究与技术支撑下被进一步验证，这为某些教学设计思想的实现提供了可行性，同时还取得了一些公认的具有里程碑意义的成就。

（2）教学设计越来越重视信息技术与教育理念的整合

计算机技术的发展无疑促进了各领域的大跨步发展，在教学设计中应用计算机也成了一个不可避免的趋势。但人们对这项技术的应用并没有形成完全统一的意见，一些人认为高科技是教学设计的辅助手段，在人类学习中无疑发挥着至关重要的作用；而另一些人认为可以将整个教学开发领域彻底转向计算机化教学的创建。无论如何，计算机及其信息技术的应用必将促进教学设计领域理论和分析的进一步拓展。

教学设计的变化受到了来自技术的影响，没有教学设计，技术本身并不能对教育形成影响，更不要说自动改进教育。在教学设计领域，信息技术的应用带来的不仅是技术上的创新，也促使人们在实践与理论两个层面上进行思考，并向着全新的教育、教学方向努力。此外，在信息技术的影响下，对教学设计者和相关组织者的绩效的研究力度正在逐渐加大。教学设计者和相关组织者无疑对教学设计至关重要，信息技术的应用则可以在一定程度上监督、激励设计者和相关组织者，对教学设计本身的发展也是极为有利的。

（3）教学设计越来越注重各种因素整合下的学习环境的构建

人类在个人、群体及组织之间进行知识的传递、开发、运用和创造。由于拥有的知识技能过于丰富，人类在专业性很强的特殊环境中很难实现知识的传授，同时，现实中传授知识和技能的环境是复杂的，传授知识和技能时，必须为学习者创设一个能够被其理解的特殊的学习环境来取代真实的环境。随着教育教学的发展，教学的各方面都在发生显性或潜在的变化，教学过程中的一个中心目标便是研究"如何学习"。这一研究主要是探讨技能、态度和理解的可持续性，让人能够在发展中灵活并且有效地处理遇见的各种问题，并且能够拥有良好的自我管理能力。学习是一个主动去构建，有目的的、有自觉的、有意志的和有积极性的实践过程，是一种"意图—行为—反思"的活动。

计算机技术的应用增加了知识的获取渠道，也促进了学习手段的更新和丰富，使学习环境发生了以下变化：

一是通过模拟、录像、演示具体数据与实践，并使用因特网，在课堂上呈现和展示真实的现象和问题。

二是发挥"脚手架"作用，为学生的思考拓展路径，为学生学习能力的发展提供支持，允许并为学生的复杂认知活动提供充足条件。例如，支持学生进行科学考察的模拟学习等，这些活动必须在一定的技术支持下才能进行。

三是学生能够获得更多的反馈，如来自教师、同学和软件导师的，在不同对象的引导和帮助下，循序渐进地理解和习得知识，提高学习能力和推理水平。

四是创建了学习共同体。共同体可以广泛涵盖师生、家长，乃至全球具有相同兴趣爱好的学习者。

五是增加各种学习机会。新技术往往具有十分强大的交流和互动特性，这种特性能够为教学设计建立一个多种多样的教学环境。这种环境无疑对学生的实践学习、信息反馈、知识构建非常有利。

（4）教学设计越来越重视新的评估理念和方法

教学设计不再是一个简单的设计程序，而是体现了集课程、教学、实施和评估于一体的总体规划趋势。评估成为教学设计中的一项重要内容和关键环节，针对教学展开的需求分析、教学方法分析、个体差异分析、教学环境分析等不同层次的分析工作的重要性在教学评估中日益凸显。信息技术则成了评估中的一个重要工具。

（三）体育教学设计的概念

我国是从20世纪80年代开始对体育教学设计进行研究的，随着教育教学的不断发展，体育教学设计的原理与方法逐渐丰富，也日益受到重视，在教学活动中得到了多方面的应用。目前，教育界对体育教学设计的概念形成的较为统一的解释是：体育教学设计是一项以学习理论、教学理论、体育教学原理和传播学为基础，为提高体育教学效果，通过系列程序和手段协调组合各项要素，以达成优化体育教学过程目的的研究工作和设计活动。其中，各项要素主要指师生、教学内容、教学目标、教学条件、教学媒体以及教学组织形式、教学方法等。

二、体育教学设计的优势与特征

（一）体育教学设计的优势

体育教学设计有利于促进体育教学工作的科学化，提高体育教学质量和效果。通过有效的体育教学设计，教师能够更好地调动学生各方面的积极因素和外界条件，使学生的知识、能力、情感、个性、人格得到充分发展。

1.有利于体育教学工作的科学化

在传统体育教学中，教学方案的撰写通常以教师、书本和课堂为主。因此，体育教师若掌握了体育教学设计的相关方法，则有利于提高教学的规范性，从而增强教学的科学性。

2.有利于体育教学理论与体育教学实践的结合

体育教学设计可以较好地沟通和连接理论与实践，主要表现在两个方面：体育教学设计可以将体育教学的理论和成果运用到实际的体育教学指导中去；可以将优秀体育教师的先进经验和成果凝聚于教学科学，使体育教学的设计内容更加丰富，把体育教学的理论重新拾起，实现理论与实践的有机结合。

3.有利于科学思维习惯和能力的培养

体育教学设计本着系统化的原则处理体育教学问题，它提出了确定、分析、解决教学问题的方法和理论，对于培养人们科学的行为习惯、提高人们科学分析与解决教学问题的能力具有重要意义。

4.有利于加速对青年教师的培养

体育教学设计最终为教师所操作和运用。在使用教学设计满足教授需求的同时，教师本身也要不断完善和充实自己来达成体育教学设计的使用要求。教师可以通过体育教学设计更多地掌握教学理论和操作知识，可以从中获取不曾习得的知识和经验，并在实际运用中逐渐内化，进一步充实和丰富自我。

5.有利于体育多媒体教材的开发和质量的提高

随着教学理论的逐渐丰富、现代教育技术的不断发展以及电教器材的日益增加，体育教学技术和手段不断增多和发展。体育多媒体教材涉及体育教学方法、体育教学内容两大部分。体育教学设计能够帮助教师有效利用现代教学媒体，从而促进多媒体教材的编制，为体育教学提供更为丰富、精深的教学材料，进而提高教学质量和水平。

（二）体育教学设计的特征

为提高体育教学的科学有效性，在正式开展体育教学活动之前，体育教师进行相应的体育教学设计是必不可少的。体育教学设计主要具有以下六方面特征：

1. 超前性

体育教学设计适用于教学活动实际开展之前，是基于预先分析和判断对教学活动做出的安排和策划，因而具有超前性。

2. 创造性

由于体育教学的目标、功能特点及教学手段和方法的多元性，体育教学过程具有不确定性和复杂性。此外，体育教学设计也从中衍生出了创造性的特征。教师要提高教学效果和教学质量，就必须具备扎实的教学理论基础，熟悉教学规律，具有探索和钻研精神，具有超前的观察力、判断力以及想象力，其体育教学设计也应灵活、新颖并适用于不同的体育教学实际问题。

3. 系统性

体育教学设计是一个不断观察、设计、研究的过程，是将不同元素以最优组合形式呈现出特定思维逻辑的过程，是一个系统的、科学的过程。所以，系统性是体育教学设计必须体现的一个特性。设计者应当基于具体的教学问题设定目标，然后根据目标设立各个教学环节，最终使教学策略、目标和评价达成一致。除此之外，只有立足体育教育系统的全局性功能，并且在工作流程中全面考虑教材、师生、评价和媒介等对体育教学的影响，确保各要素之间协同一致、相互促进，才能实现最优整体效益，从而切实提升体育教学效果。

4. 灵活性

虽然为了确保体育教学的有序性、科学性，体育教学设计必须遵照一定的模式，但为了确保体育教学设计的活动空间，其设计工作在实践中其实并非完全依据固定的模式和流程展开。例如，体育教学设计中应包含分析的过程，若所面对的学生属于同一个教学班，考虑到他们接受的学习内容相同、学习进度趋同，则可以适当减弱对内容和进度的规划。因此，在体育教学设计的实际工作中，应根据具体实际灵活操作，具体决定相对重要的、相对一般的、比较平常的待处理事项，攻克重点和难点，省掉不必要的环节和步骤，有效进行体育教学设计。

5. 科学性

体育教学设计这一门学科主要基于体育心理学、人体生理学、运动生物化学、体育教学论等学科开展研究，根据教育的基本规律和原则具体设计和建立教学目标、教学方法以及教学内容，科学运用系统方法分析和策划体育教学设计的各方面要素及其组合联系。

6. 艺术性

体育教学设计是一门精心设计体育教学各方面要素并使其达到最优组合的艺术，拥有较高层次的审美价值。只有构思精巧且富有创意的体育教学设计方案，才能激发人们的美感体验。

三、体育教学设计的要求

（一）体育教学设计要体现素质教育理念

随着教育教学的不断发展教育理论和实践探索的不断推进，我国教育界的教育理论已经发生许多变化，正在向素质教育发展。在新型素质教育中，民主、平等、合作的师生关系被着重强调，学生创新精神和实践能力的培养成为教育教学的重点内容。因此，素质教育背景下的体育教学设计也应当遵循素质教育理念，充分尊重学生、理解学生，善于引导和调动学生，发挥学生的主动性和积极性，有效培养学生的学习兴趣，使学生从被动去学到主动去学。

1. 强调以学生为中心

从不同的角度看问题，看到的景象会大大不同，思路也会天差地别。体育教学设计也是如此，以学生为中心看待教学问题和以教师为中心看待教学问题，两者形成的思路和感受是截然不同的，进而采取的系列措施和方法也是迥然不同的，体育教学设计结果也因此具有很大差别。素质教育必然要求以学生为中心看待问题，即应当充分发挥学生的主体性。体育教学设计应当将学生放在首位，重视学生的学习过程，应基于学生的实际情况，通过有效的教学方法和手段为学生发展服务。通过有效地启发和引导学生，使学生主动去学、去问、去想、去练、去总结，充分发挥学生的主观能动性。

2. 坚持"以人为本、健康第一"的教育理念

体育教育应积极走探索健康之路，将"以人为本、健康第一"的教育理念与体育教学有机结合。不仅如此，体育教育还应着重培育学生积极锻炼的运动习惯，从而推动学生的全面发展。在体育教学设计过程中，务必充分凸显学生的主体地位，充分关注学生的兴趣爱好和全面发展需求。

3. 体现"终身体育"的指导思想

终身体育始终贯彻可持续发展的、健康的教学理念，旨在通过体育教学激发学生学习体育的兴趣，使学生养成良好的体育习惯，并且使其具备良好的锻炼能力，掌握一些适合自己的健身方法。体育教学设计应该坚持"终身体育"的思想理念，重新定位、审视体育教学过程，探索新的发展理念和发展思路，进而培养出可持续发展的体育人才。

（二）体育教学设计要适应体育课程教材内容的多样化

随着体育教学的逐渐发展，我国体育课程的教学内容逐渐多样化，体育教材体系逐渐完善，同时教学自主性也逐渐增强。所以，在体育教学设计过程中，要根据课程标准设置教学目标，对现有的教材内容进行筛选重组，做到重点突出、主次分明、结构合理。在选择和规划教学内容的基础上，根据对教材特性的考量，采取切实可行的教学组织形式，运用恰当的教学策略和手段，更快、更好地落实课程标准所提出的不同要求，进而实现教学目标，使教学设计效果达到最佳状态。

（三）体育教学设计要运用多种教学组织形式和教学方法

随着体育学科的不断发展，体育教学领域逐渐引入了一批新的教学方法和教学组织形式，使原有的教学方法和教学组织形式变得更加多样。体育教学设计应该对教学组织形式和教学方法进行多样化的探索，以满足素质教育的要求和学生全面发展之需。

（四）强调情境对学习的重要作用

建构主义认为，学习总是与一定的社会文化背景及情境相联系的。在传统体育教学中，尤其是针对低年级学生开展的体育教学，由于无法模拟实际情境的丰

富性和生动性，常常会导致学生在知识意义建构方面面临挑战。加强对体育教学过程中的情境设计，有利于培养学生的兴趣、创造性、主动性和探索精神。

（五）强调协作学习对学习的作用

建构主义认为，学生与周围环境的交流和互动对于他们理解学习内容具有十分关键的作用。素质教育注重在教师引导下使学生一起学习，建立一个共同的学习群体，一起去理解、领会和掌握学习内容和体育技术，开展协作学习。协作学习是培养学生团结协作精神的一个重要手段。

（六）体育教学设计利用各种信息资源支持学生学习

为了帮助学生主动积极探索和实现意义建构，教师要在学生学习的过程中为学生提供多样化的信息资源。这些信息资源不是用来帮助教师进行讲解和示范的，而是帮助学生进行协作探索和自主学习。

第二节　高校体育教学目标设计与实践

体育教学是一项目标性极强的行为活动，教学目标体现了体育教师设计的教学环境与学生学习结果的一致性。体育教学目标设计是体育教学设计的一个重要环节，它决定了体育教学的具体走向，是保证体育教学有效性的决定性因素。

一、知识与技能目标

布鲁纳曾在《教育的适切性》一书中指出，学习过程可以分为表层与深层两个过程。其中，最基本的掌握知识过程属于表层过程。对知识有所了解之后再思考如何学习、形成怎样的学习态度以及学习原理的这一过程就是深层过程。在体育学习的过程中，学习行为会因为快乐的情绪而产生变化，快乐的情绪可以让学习行为维持得更久。什么样的体育学习才算得上真正的学习？显然并非掌握体育知识与技能那么简单，真正的学习是一种更深入的认知，是对世界的认知、对身体的感知，以及陶冶情操的过程。体育学习发展的深化是让身体通过体育运动感受到快乐。所以说，体育知识和技能应该如何选择、如何将知识与技能进行编排、怎样学习知识与技能才能够与社会需求以及学生身心发展水平相匹配、如何科学创建与掌握知识、技能教学中知与乐之间有哪些联系、怎样激发学生的体育学习动机才是在提高体育教学水平的过程中应当考虑的问题。

日本著名的教育学家梶田叡一认为，每一个国家的教育传统之所以不同主要是受本国社会文化背景影响。梶田叡一模仿布卢姆等人提出的英美式教育目标分类的理论，提出了极具东方色彩的教育目标分类理论。不管是他的研究成果，还是指导思想，都对体育"三维"教学目标的设计发展产生了非常重要的启迪作用。同时，他还提出教学中至少需要涵盖的教育目标有达成目标、提高目标、体验目标三种类型。同时，这三类目标中都需要涉及的领域有认知领域、动作技能领域与情感领域，详细的说明如表 4-2-1 所示：

表 4-2-1　梶田叡一的三种教育目标类型

目标类型		达成目标	提高目标	体验目标
领域	认知领域	知识、理解等	逻辑思维能力、创造性等	发现等
	情感领域	兴趣、爱好等	态度、价值观等	感触、感动等
	动作技能领域	技术、技能等	熟练等	技术成就等

表中所说的"达成目标"其实就是指在系统的指导后，学生掌握并形成了一定的知识与能力。比如，今天掌握了一些特定的知识、某种特殊技能、对某种特定对象产生兴趣等。

"提高目标"就是指经过全面的指导，希望学生能够向更高目标看齐并发展，且此时的发展能够使学生水平明显提升。比如，学习者的逻辑思维能力、社会性、价值观等得到提高。

"体验目标"旨在把握学习者在个人行为因事发生变化后的实际感触。这种反应应参考学生个体独特的内在体验，而非仅限于观察学生外在的行为变化。

日本的学校教育侧重于对知识的记忆与理解，对于学生兴趣爱好这方面的培养则有所忽视。梶田叡一对此提出了针对性的教育学观点——"开、示、悟、人"。何谓"开"？它的意思是指打开视野，发现兴趣；何谓"示"？其意为传授知识，把知识要点传送给学生；何谓"悟"？其意指学习者把所学知识进行实践操作；何谓"人"？就是指利用所学知识进行自我追求，实现自己的人生价值。

我国体育教育"三维"教学目标的五个领域目标内容如表4-2-2所示：

表4-2-2 我国体育教育"三维"教学目标的五个领域目标内容

"三维"教学目标	知识与技能、过程与方法、情感态度与价值观
领域	学习目标
运动参与	（1）主动参加体育锻炼 （2）采用科学合理的方式参加体育锻炼
运动技能	（1）获取并利用基础知识 （2）充分掌握并运用运动技能 （3）完全具备参加体育活动的能力
身体健康	（1）将体能进行全方位的发展 （2）增强身体素质与预防疾病的意识 （3）努力改善身体健康状况 （4）能够理解环境以及生活方式对身体健康带来的影响
心理健康	（1）培养出积极正面的自我价值观 （2）学会控制情绪 （3）具备保持良好心理健康与预防心理疾病的能力
社会适应	（1）人际关系和谐 （2）具有良好的团队合作精神以及体育道德 （3）社会责任感强

从以上分析可以得出，不管是梶田叡一所提出的三种教育目标类型，还是我国"三维"教学目标的五个领域目标内容，所表现出来的特点都是"知与乐"中所具有的层次化与系统化的操作、发展性中的特征。

第一，中、日两个国家的教学目标体系中都涵盖了"知与乐"中持续性与循序渐进性的具体化内容，都是以达成目标、提高目标为主。同时，还注意到学习者"开、示、悟、入"的教育学观点，要求教学操作将"知与乐"的特点突显出来。

第二，这两个教学目标体系所涵盖的内容还有认知、动作技能以及情感领域的一系列目标，且都提出了鲜明的要求。这一系列的目标密不可分，它们相互依存、相互联系，你中有我、我中有你，不可分割。

第三，这两个教学目标体系都强调"知与乐"，这样才能让学生的生理、心理以及适应社会能力等方面全面发展。

结合上文中所讲述的理论与实践，我们把以下课堂教学作为实例对"知与乐：知识与技能目标教学设计"进行概述，如表4-2-3、表4-2-4所示：

表4-2-3　篮球模块初级班课堂教学

课时1教学目标	（1）篮球学习过程中学生需掌握的三项基本技术：运、传、投，即运球、传球和投篮，同时应基本掌握篮球规则 （2）激发学生学习篮球的兴趣，让学生自主并且积极地参与篮球学习 （3）通过篮球游戏的方法增强学生身体素质，培养学生的运动素养，提高学生的身体协调性 （4）培养提升学生的团队协作的能力与意识	

课序	达成目标	教学内容的描述
1	激发学生学习篮球的兴趣，感受传球技巧	（1）篮球传接球比赛采取小组对决形式，双方队伍面对面站立，间距约为4米。在比赛过程中，队员将球传出后，从甲方队伍尾部跑至乙方队伍尾部，再从乙方队伍尾部跑回甲方队伍尾部 （2）面对篮板进行游戏接力，左侧和右侧队伍分别在中场线持球，同时进行运球。距离篮板约3米处设定标记线，队员根据标记线投篮。若队员接到对方传来的球，需将其抱起并迅速跑回本队
2	激发学生的热情，体会运球技巧	（1）分组进行，围绕杆进行运球接力赛，运球后把球传给下一个同学，然后自己跑到队尾 （2）游戏开始前，两队分别平行站立在球场边线，以教师口哨声为准，把球运到对面的边线即可返回，进行速度比较
3	提高学生对篮球的兴趣，让学生主动学习投篮技巧	（1）两组以面对面的形式做投篮练习，让学生适当休息，教师利用这个时间鼓舞学生，从而将学生的热情调动起来 （2）从右到左围绕篮板进行三点或五点的投篮练习，练习到一定程度可进行个人比赛，看谁投中率最高 （3）自由练习，遇到困难请教教师
4	游戏放松阶段	师生同乐，教师与同学相互"抓笑传递"，游戏结束

表 4-2-4 田径模块接力跑课堂教学

课时 2 教学目标	（1）通过合作跑的方式，不断深化学生对接力跑技能的掌握，同时使学生全面体验并理解"上挑式"和"下压式"两种传棒、接棒的技术动作 （2）在提升快速跑能力的基础上，还应将提高学生身体协调性、个人反应速度及其他基本身体素质作为主要的教学目标 （3）引入游戏元素，用以替代传统式枯燥的教材练习，激发学生参与课堂的积极性 （4）引导学生理解"1+1＞2"的哲理，培养学生相互协作的能力，增强团队协作精神

课序	达成目标	教学内容描述
1	使用接力跑传话的游戏让学习者明白团队合作的意义	游戏内容：首先教师将要传递的话告诉每队的第一名队员，由该队员跑回本队传给下一个同学，依次传递下去，直至最后一名学生。要遵守两点要求：第一，学生间隔至少9米；第二，采用悄悄话的形式传递，不可大声喧哗。最后胜利的队伍不仅速度要快，而且传递的话语要绝对正确
2	采用多种游戏为教学带来一定的趣味性，并培养学生间合作探究、互帮互助的精神	（1）分组进行"火车快跑"的游戏，每队后一名队员将手搭在前面队员肩上，以口哨声为准开始比赛 （2）分组手拉手跑，平行站立好，学生间相互手拉手，听到哨声后比赛 （3）分组挎肘跑，平行站好相互挎肘，听到哨声后比赛开始 规则：一旦松开，则判该队输，间距要在20~25米 教学提示：比赛前可让学生进行自我尝试、组织，之后对游戏做出总结，然后再进行比赛
3	利用不同类型的游戏进行各项专项练习，同时让学生学习的热情高涨	（1）八人一组，左斜线45°接力拉手跑比赛。各组成员前后都以左斜45°站立，间隔为8~10米。听到哨声开始比赛，首名队员向前跑，至第二名队员处，以自己左手拉对方右手的方式传递，后续队员依此类推。在跑动过程中，需跨越预设障碍。直至最后一名队员完成拉手，全体队员手拉手冲刺至终点，决出胜负 （2）以八人为一组，右斜线45°接力拉手跑比赛。与上面的步骤一样，仅拉手方向相反 规则：赛前，教师可引导学生自我组织尝试，在自我游戏体验的基础上总结游戏规则，充分准备后，开展正式比赛

课序	达成目标	教学内容描述
4	学习"上挑式"和"下压式"的传接棒技术动作	（1）首先，分组进行慢走状态下"上挑式"与"下压式"传接棒技术动作的练习 （2）其次，进行慢跑状态下的"上挑式"与"下压式"传接棒技术动作的练习 （3）体验两次接力比赛 教学提示：在比赛前，同样建议学生先自我组织尝试，体会并总结技术动作，随后进行比赛
5	"大圆圈（向前欢快跑）—小圆圈（向后欢快倒退跑）—"大圆圈"游戏与放松结束	最终环节为游戏放松环节，圈出一个圆形区域，教师立于圆心，进行大圆圈（向前欢快跑）和小圆圈（向后欢快倒退跑）的游戏，一大一小循环往复，直至游戏结束。此举旨在增进师生间的融洽关系，同时实现师生共同欢乐的目标

从以上两个课时的设计思路中可以看出，现如今，教育是由"以情生知"滋生出来的，这也满足了"三维"教学目标与新课程理论的要求。课时1采用的是一种快乐体育的教学形式，把快乐融入体育教学中，让学生在学习中满足快乐情绪；课时2则是利用小群体的教学模式，同时利用"情—知"进行相互交融，通过"以境生情"和"以情生情"的情绪机制，将学生的情感体验与感受展现出来，从而促使学生在"情—知"的交流中圆满完成教学任务。这种教学模式不仅能让学生学到该有的知识与技能，还能让他们获得健康和谐的快乐情绪。

二、过程与方法目标

学生学习的过程就是一种运用学习策略的过程；学习过程能够让学生收获到丰富的知识与经验，还可以形成成熟的技能体系，实现学生智力与能力一并发展的愿望，使学生的思想品德有更高的提升。"学会学习"即将成为广泛普及的教育观点与学习观点，它所代表的是所有的新课程标准教学目标，而体育新课程教学只是新课程标准教学中的一小部分。

现如今，"教学型"模式已经开始向"学会学习型"模式转移，因为这是当前世界教育观念以及课程观的走向，也将成为我国教学目标的核心价值观。学校体育要进一步提高学生适应社会与终身学习的能力，从而为学生终身体育的发展奠定基础。由此可见，让学生全面掌握学习的过程以及方法已经成为目前学校体育的新课题，以及教学目标设计的核心。体育教学不再以传授知识技能为主，更重要的是培养学生学会学习，能够将"实践—体验—自主研究"教学方式运用自如，让学生树立起"学中做""做中学"的学习方法，从根本上将学生的学习方式扭转过来。

我们将以下面的课堂教学为案例进行"学会学习：过程与方法目标教学设计"的分析论述，如表4-2-5、4-2-6所示：

表 4-2-5　乒乓球模块中级班课堂教学

课时 3 教学目标设计	（1）以游戏形式激发学生参与乒乓球运动的热情 （2）在游戏中设计多层次的挑战，借此提升学生的乒乓球技能，并促使他们归纳总结成功的学习方法，逐步培养学习策略 （3）借助上述教学安排，使学生的策略能力得到提升，同时增强自律学习意识	
课序	**达成目标**	**教学内容与描述**
1	提高学生学习乒乓球的积极性、主动性	（1）分组进行墙推球接力赛，以完成次数较多的组为获胜方。胜者组之间与败者组之间分别进行淘汰赛。在比赛过程中，强调学生的团结协作与经验总结，并使学生以此为取胜关键 （2）游戏方式与前述相同，分组进行推球打擂接力赛。两两对决，败者离场，换另一位队员上场。在比赛过程中，同样强调学生的团结协作与经验总结 方法：双人对战，败者离场，换另一名队员，在比赛前和比赛中向学生传授制胜秘诀
2	优化学生学习方法，增进学习成果，使其体验到学习的成就感	（1）在反手发快球和接球的打擂接力赛中，采用与之前相同的游戏方式，将学生分为四人一组（复习组）进行比赛。规则如下：首先由 A 学生进行反手发球，B 学生接球，接球失败则换 B 学生发球，A 学生接球，如此往复，接球次数少的学生居下位，换另一名学生上场。在比赛过程中，教师需要给予学生提示和指导，鼓励他们思考、讨论并总结如何更好地战胜对手，以增强自身的学习策略 （2）在正手发快球打擂接力赛中，游戏方式和规则与之前保持一致。学生将被分为四人一组（复习组）进行比赛。与之前的游戏一样，教师需要提醒学生在比赛中充分利用有效的技巧和策略，以增强自身的学习效果。同时，教师可以引导学生思考、讨论并总结比赛经验，帮助他们更好地掌握和提高相关技能

续表

课序	达成目标	教学内容与描述
3	优化学生学习方法，提升左右下旋发球技能掌握水平	（1）在教师的指导下，学生学习左下旋发球技巧，并自行总结接球策略，最后由教师进行概括总结 （2）右下旋发球的学习与实践过程与左下旋发球相同，结束后，教师进行总结 （3）各小组成员进行自主练习，教师负责解答疑惑，引导学生独立思考并自我总结，以提高其自主学习能力
4	将左旋发球接右下旋球的技术应用于比赛中，全面提升学生学习策略	游戏的规则与方式保持不变，依旧采取四人一组的形式，举办左旋发球、右旋发球以及下旋接球接力比赛，旨在让学生在学习中感受别样的乐趣。同时，此项活动有助于发展并提升学生学习的策略与技巧
5	"抢数字"游戏放松结束	师生共度休闲时光，以"抢数字"游戏为课程画上圆满的句号

表 4-2-6　"学中做""做中学"课堂教学

设计思路 A："学中做"	（1）设计：将"学中做"的学习方法运用到健美操学习的过程当中，教师应积极引导学生形成良好的学习策略，让学生积极主动地学习 （2）理论：建构主义学习观强调，知识的建构过程是学习者在新旧经验互动的基础上实现的。学生在学习新知识时，应充分利用其原有的认知结构和体能水平，实现知识的有效迁移，从而对技能建构产生积极影响 （3）方法：一是教师在教学生动作组合练习的时候，可以采用只教一边的方式，另一边的动作练习让学生自己去思考；二是教师只需展示一组动作队形的变化，鼓励学生主动创新并编排出新颖的队形，并进行交流展示 （4）作用：有助于增强学生之间的协作交流，同时使学生在交流过程中习得学习方法
设计思路 B："做中学"	（1）设计：通过"做中学"方法，引导学生体验和感知学习策略的构建与实践，进而促进学习策略的发展与养成 （2）理论：根据布卢姆的掌握学习理论，自由选择和参与决策的机会能够增强学生的自我决定感和责任感，从而促进他们形成明确的学习目标 （3）方法：一是在课堂准备阶段，教师提醒学生互相观察跑步动作。当训练环节结束后，教师询问：为何同学跑步的速度各有千秋，借此引发思考和总结。教师在评估时应指出，跑步姿势因人而异，有人跳着跑，还有人摆臂不标准。为了提高学习效果，教师应当引导学生不断努力和探究，改正不足之处。二是遵循"有效目标设定原则"，再加上具有较高的可行性的教学设计，能够将学生的挑战欲望激发出来，同时提升学生的运动热情。教学安排如下：鼓励跑得较慢的学生挑战跑得较快的学生，激发斗志。挑战的满足感和价值感有助于学生更加注重自己学习能力的提升，进而确立坚定且稳定的学习目标 （4）作用：有助于学生培养协同探究、互助学习的能力以及掌握学习方法

续表

设计思路 C：学习研究	（1）设计：在羽毛球运动项目中"做中学"，旨在推动学生形成有效的学习策略和学习体验，同时全面提升学生的学习技巧与能力 （2）理论：教学论强调，教师在教学过程中应对学生的学习方法与所获成果等进行差异化评价，并分阶段将这些评价结果反馈给学生，使他们认识到自身的优点与不足。通过激发学生的自我对照心理，帮助他们树立学习信心，从而促进学生掌握学习策略，不断提升自身能力 （3）方法：一是在本次课程中，学生将学习高远球、正手击打高远球以及反手击打高远球等技能。在开始学习之前，学生需要先进行两两分组对打热身，以便更好地适应后续的练习。热身结束后，教师将提出问题，引导学生思考如何使球飞得更高、更远。在学生完成思考和讨论后，教师将进行总结归纳，并正式开始本次课程的教学。二是进行发球比赛。在此过程中，教师将提出问题，引导学生思考如何使球发得更高、更远，以及如何提升正手和反手击打高远球的能力。这样的教学方法不仅有助于提高学生的学习成效，还能促使他们深入地进行自我检查和自我调整，从而优化学习策略 （4）作用：有助于提升学生协同探讨及互助学习的能力，并使其掌握有效的学习方法

以上两门课程的设计思路能够将建构主义教学观的教学设计原则表现出来，其教学原则是：在建构中要引导学生主动探索已有的认知结构和新知识之间是否存在不匹配的现象。如果有，需要让学生主动进行改善。知识学习的认知建构之所以发生在具体的情境中，核心原因在于此类情境能够使学生切实感受到知识的实际意义。除此之外，在团队积极互动的过程中，认知建构同样得到实现。在此过程中，学生能够深入探讨自身经验，并识别认识与知识的不协调，进而通过集体对知识的共同理解，实现认知与知识的协调统一。由此得出，想要促进学生认知建构的产生，可以利用某种特定的情景，引领学生在集体中进行积极讨论，从而促使学生的学习效率和教学对学生的吸引力两者相互作用，在知情意和谐中实现认知与情意的统一，摆脱为认知而认知的束缚。

三、情感、态度与价值观目标

"不学礼，无以立"[①]。教师是一个神圣的职业，学习也是一个意义非凡的过程，学生的第一课应该是"如何做人"，在学生学习的过程中，教师有义务、有

---

① 孔丘. 论语 [M]. 赵银杏，译注. 上海：上海辞书出版社，2003.

责任向他们传授基本的做人道理，"己所不欲，勿施于人"①，"己欲立而立人，己欲达而达人"②，"躬自厚而薄责于人"③，"见贤思齐焉，见不贤而内自省也"④，"三人行，必有我师焉，择其善者而从之，其不善者而改之"⑤。任何教育都是一样的，学习都应以人为本，体育教育亦如此。体育教育涉及知识学习、技能训练以及能力的发展，同时受到学习策略、创新学习、学习意志等影响，这也体现出健心与健身智慧及情感与认知智慧的统一。人的心理活动是学习行为的基础，包括情感和认知两部分因素。学习过程需要两者的统一，缺少任何一方，都无法称为真正的学习。没有认知因素，学习任务无法完成；没有情感因素，学习活动无法启动，也无法维持。当务之急是使教学走进认知情境与情感情境和谐发展的轨道。现如今，体育活动不再局限于某一种特定形式，而是各式各样、丰富多彩的，我们要利用其丰富的内容实现认知与情感的统一，将情感态度灌输到课程的教学内容中来，使其成为有血有肉有灵魂的教学。

（一）体育教学：情感、态度与价值观的主要内容

主要内容有：运动教育、生命教育、集体团队教育、友情教育、亲情教育爱国爱民教育等。

针对个人成长，有必要关注以下心理品质：运动感觉、理智情操等。这些品质的具体体现包括：尊重他人、关心他人、欣赏他人、与他人合作、理解他人、有快乐的能力、遇事负责、具有同情心、懂得感恩、思想独立等。

（二）体育教学：情感、态度与价值观教学目标的设计与要求

我们把豪恩斯坦与布卢姆提出的教学与评估的分类运用到对情感、态度与价值观学习目标的水平研究分析上，提出三个层次的具体性目标：体育学科总体目标、体育课程教育目标、体育课堂教学目标，以供教师进一步参考、理解、运用。体育教学的情感、态度以及价值目标的水平属于由上至下非常具体的逐级连续体，将以上三种具体目标连接在一起，把这三种目标的时间、范围、功能及运用进行

---

① 孔丘. 论语 [M]. 赵银杏，译注. 上海：上海辞书出版社，2003.

② 同①.

③ 同①.

④ 同①.

⑤ 同①.

具体比较可以得知，从范围的角度来看，总体的目标最广泛，教学的目标最具体。换句话说，总体目标是一个大范围，它没有很具体的细节，教学目标与之相反，它有非常具体的细节。我们可以把总体目标看作一种远景，它属于情感、态度及价值观教学目标的大纲，不是短时间内就可以实现的，而是需要经过长时间的学习才能将其复杂多向的目标实现。它是很多具体目标的整体概括，绝大多数的具体目标都包含其中，其意义是为了检验整个体育学科的情感、态度及价值观教育标准。实施课程就可以将情感、态度及价值观教学的目标体现出来，主要体现在学生对于知识技能的认知、体验及感悟的情感、态度与价值观的教育目标是处于连续体的中间部分。从范围的角度来看，它属于连接其他二者的媒介，能够为具体的情感、态度及价值观教学目标提供通道。从运用的角度来看，它能够为教学单元的计划提供基础，目的是将"广泛"的总体目标划分为较集中、较具体的教育目标，它可以将情感、态度与价值观的单元水平目标缩减为该课时的具体目标，如此一来，就不用浪费时间与精力选择学习哪一课时、哪一单元的体育。

1. 体育学科情感、态度与价值观的总体目标

体育学科情感、态度与价值观的总体目标在于，使体育成为一门能够全面促进身心健康均衡发展的学科。它通过将文化科学教学、思想品德教育、生活技能教育和体育技能教育有机地融入身体活动中，使学生在参与体育运动的过程中，不仅锻炼身体，还能够培养出良好的品德和正确的价值观。

想要实现这一目标，需要将体育课程的多种价值及功能充分发挥出来；强调"体"是健康，"育"是精神的健身和育人的统一；利用体育和健康教学的多样性培养学生的身体与心理健康以及适应社会的能力，从教育品质的角度上教会学生为人处世，如何做人、如何学习、如何在社会上生存等。

2. 体育课程情感、态度与价值观的教育目标

何为体育课程情感、态度与价值观的教育目标？《普通高中体育与健康课程标准》一书指出，高中的体育与健康课程是一门将身体练习与智力活动相结合的课程，它的载体是进行科学合理的运动负荷，主要的学习内容是学习体育和健康知识、技能与方法，这是高中生的一门必修课程，其目的是增强高中生的身体素质，对其生活方式与生活质量进行优化与提升，具有明显的实践性与综合性，不

仅是高中课程体系中不可或缺的组成部分，还是学校进行素质教育与培养学生德智体美劳全面发展的必要途径。

体育课程情感、态度与价值观的教育目标如图 4-2-1 所示：

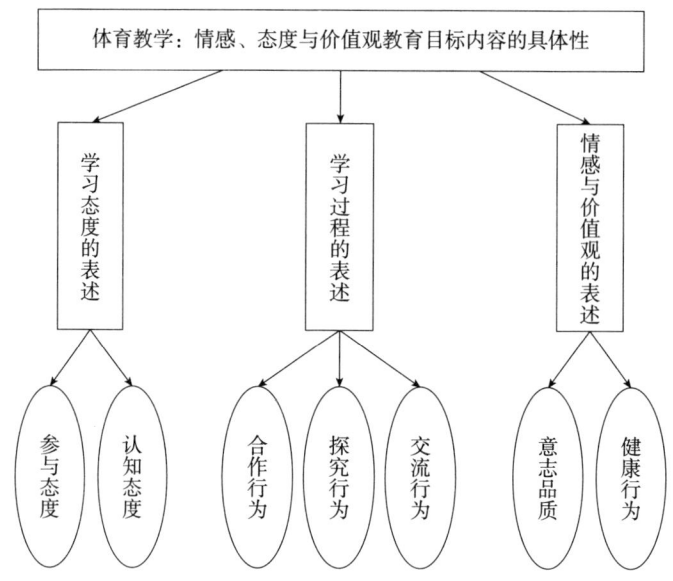

图 4-2-1　体育课程情感、态度与价值观的教育目标

3. 体育课堂情感、态度与价值观的教学目标

情感、态度与价值观不是一成不变的，它们具有不确定性、随机性以及内隐性等特性。为了检测它们的内在变化，国外的有关学者提出了以下两种体育课堂情感、态度与价值观的教学目标表述法。

（1）内部过程与外显行为相结合的目标表述法

首先，通过运用描述内心过程的语言手段，将通用学习目标予以呈现，以体现理解、欣赏、热爱、尊重、运用、分析等内在心理变化。其次，列举一系列反映这些内心变化的实例，用以明确具体目标，从而探测出内在的心理变化。

内部过程和外显行为相结合的目标表述法不仅将内心变化的缺陷突显出来，还将行为目标表述的优点留存下来，这种表述方式是用来表述情感、态度与价值观目标的较为适宜的一种方法，如表 4-2-7 所示：

表 4-2-7 健美操中的情感目标表述

错误类型	错误样例	正确样例
教育目的替代教学目标	（1）通过学习健美操，全面提升学生美的能力 （2）提高身体素质	（1）学习健美操的第五至七节动作，同时加强对第一至四节的巩固，确保规范正确的动作表现 （2）借助多样化的组合方式，提升身体协调性和姿态美感
模棱两可，标准模糊	（1）通过实践训练提升学生对美的鉴赏能力 （2）激发学生兴趣，塑造终身学习理念	（1）通过自我展示与相互欣赏的方式，培养和提升学生对美的鉴赏能力 （2）师生共舞，体验运动之乐，进而养成健康锻炼习惯
行为主体，表述错位	（1）在学习过程中，培育学生团结协作与互助共进的道德素养 （2）塑造学生团结协作、沟通交流以及探究学习的品质	（1）通过互助互学和相互评价，激发学生积极参与合作的热情，提高团队协作效果 （2）采用分组展示和自主编排队形的方式，培养学生的创新思维和协作能力

体育教学关注的内容既包括体育知识和技能上的要求，也包括情感、态度与价值观以及过程与方法上的要求。但是，从具体的教学实践活动来看，只有知识与技能这方面有明确的指向、操作性较强，而过程与方法，情感、态度与价值观的目标显得非常抽象，内容也比较贫乏，实施的具体途径以及载体都比较少。

（2）表现性目标表述法

表现性是指学生在具体的教育情境与活动中体现出来的个性。运用表现性目标表述法只能将学生在活动中应该表现出来的行为以及态度表现出来，不能将可测量的学习结果体现出来。这种方法主要适用于表述那些需要很长时间才能够实现的情感和能力方面的目标，或者不需要测量出结果的目标。表现性目标侧重于"表现"二字，它和行为目标不一样，行为目标看重的是学习最终结果与预期的目标的相同点，但表现性目标更加重视学习者的亲身体验与感悟存在的区别，更希望学生表现出自己的个性与创造性。

在使用表现性目标表述法的时候，教师只需要告诉学生学习任务是什么、需要参与什么活动即可，至于需要全体学习者达到一个什么样的标准以及需要学到什么都不做要求，因为其目的就是让学生极力发挥出自己的个性。例如，在健美操课中给学生传递的目标是：让学生亲身体验或欣赏健美操的旋律，将学生的学习激情诱发出来，激发学生的积极主动性与对所学内容的认可。

内部过程与外显行为相结合的目标表述法与表现性目标表述法给我们带来的启发有以下三点：

第一，价值观与情感态度目标的阐述务必具体且具有可操作性。教师需明确指出学生在何种情境之中，需通过何种活动展现何种态度，并引导学生据此实施相应行为。

第二，设计上既要具有开放性，又要多元化。简单来说，就是指活动的结果要开放，而不是唯一的；要具有个性，而不是通俗的。因此，教师在这一环节需要设计出能够诱导学生积极主动参与的学习情境。

第三，评价应具有欣赏性和过程性。价值观与情感态度是一种内在思维变化，不会马上表现出来，一堂课就想要将其培养出来的可能性不大。因此，教师对学生的评价要带有欣赏性，如果一味关注学生的学习结果，不管是对于学生本身还是学习目标而言都是不可取的，应该把重点放在学生在学习过程中有什么表现、经历了什么样的情感、对于发生的事情保持什么样的态度等。

想要表述体育课程的"三维"目标，可以采用以上两种表述法进行综合表述。例如，健美操课程中想要培养学生的"三维"目标可采用以下三种表述方式：一是通过课程教学让学生感受与体验健美操的健身以及律动功能；二是能够掌握健美操的三种手形与两种步法，同时学会健美操1～4节的基本动作要领；三是在学习过程中培养学生对于健美的审美能力，使其养成锻炼的好习惯，能够在合作学习中将队形创编能力发挥出来。这种表述方式将知识与技能目标（体验、感受）、过程与方法目标（合作、创编能力）以及情感态度价值目标（审美能力、锻炼习惯）都包含到一起。

4. 在目标的设计中应注意教学内容的要求与区别

情感、态度与价值目标在体育这一门学科当中经常是以一种隐性的状态呈现的，它不是独立存在的，而是融合在其他学习、练习的过程与方法的运用当中，它的形成与发展是在知识技能的建构情境中实现的，最后表现在师生间的沟通、合作以及研究中。它的实现过程并不简单，而是经过多个环节的身体技能练习才得以完成。让学生产生精彩观念的是技能练习的道路，而让其落脚的是练习的实践。有学者曾说过："体育不属于思考的东西，而属于练习的东西。"

由此可见，课程资源以及教学空间都具有开放性，其主要变动的因素来自各教材的不同性质与不同的教学内容。情感、态度与价值观目标不能盲目设计，要设计得有针对性。例如，情感、态度与价值观在长跑等锻炼课程中属于显性的、主要的教学目标。因此，在进行教学目标设计时，要将健身、情致、娱乐以及审美看作一个体系，辅以练习方式、运动态度教育、终身体育教育等，从而将学生对运动热情的态度与理想呈现、发展出来。同时，在课程教学的组织中，教师需要注意将教学内容与游戏跑、合作跑、比赛跑等多种多样的练习形式相结合，进行多元化的开发，使其发挥出叠加效应，从而创造出快乐的练习氛围，进而将学生的兴趣激发出来。

5. 在情感、态度与价值观目标的设计中应注意的事项

第一，在情感、态度与价值观目标的教学设计中，教师需要重点描述的词语有合作、体验、感悟、交流、互帮互助等，应将学生理想的人格与道德的价值责任感表现出来。学生的心理发展是教学的主要核心，整个教学过程应以学生的心理发展为基础，将富有个性的情感、态度与价值观牵引出来，使其渗入知识与能力目标。同时，整个学习中都应该渗入情感、态度与价值观目标，但要注意，不可以添加任何外加与拔高的思想教育。

第二，陈述目标的时候，需要站在学生的角度来看，语言表达上要将"学"的结果表现出来。例如，"培养学生体育运动兴趣的情感"可以修改为"让学生体验参与体育活动的快乐心理"。那些"使学生怎么样""提高学生什么"类陈述表达都不符合要求。

第三，不能生搬硬套教学目标的全面性。教学目标是根据实际教材而进行的有针对性的设计，教材或多或少都会有自己的特点，而且每一课的教学目标侧重点也不相同。例如，有的能将"三维"目标鲜明地体现出来，有的却只能将其中一项或两项目标体现出来。

第四，在准备教学设计时，我们不仅要精心考虑知识技能和综合性学习等"硬任务"的展现方式，还要注重道德情感、文化意识、想象力和学习能力的培养等"软任务"的融入方法。我们应该深入钻研教材，全面掌握教学内容，进行系统化的教学设计，并努力将各个方面有机结合起来，实现教学效果的最优化。

第五，相较于知识与技能、过程与方法，情感评价的内隐性特点更为显著，因此以量化手段对其进行精确客观的描述颇具难度。在进行教学目标设计、实施与评价时，这一任务显得尤为艰巨。过程与结果是否统一是评价学生价值观和情感态度时应当重点关注的内容，采用开放式的评价方法更为适宜，可将情感态度、价值观的激励、发展的功能充分发挥出来。

（三）情感、态度与价值观教学目标的结构与应用

1.认知领域的目标分类

认知领域不仅是教学目标中最普遍的一种形式，还是学校教育看得最重的领域。它涉及的主要内容是知识与技能的传递，这也属于学校教育的主要任务。布卢姆等把以学习知识与开发智力为主要任务的认知领域的目标从低级到高级分为六级，如图4-2-2所示：

					评价
				综合	综合
			分析	分析	分析
		应用	应用	应用	应用
	领会	领会	领会	领会	领会
知道	知道	知道	知道	知道	知道

图4-2-2　认知领域教学目标从低级到高级层次图

（1）知道

认识领域教学目标是由低层次到高层次进行分级的，认知领域当中最低一级的水平目标就是"知道"，知道是指学生能够回忆出原有知识，其中包含结构、背景、理论、方法以及具体事实等方面的回忆。而知识是此领域中水平最低的认知学习结果，它对学习的要求不高，主要是记忆，如对于铅球动作的要领，能够通过回忆准确地阐述出来；可以将排球的动作要领准确无误地说出来。知道层次的学习结果主要体现为学生对于已经学过的知识能够回忆出来。

（2）领会

用最简单的话来讲，领会是指"理解"，指学习者理解知识的能力。对于知识的理解程度，可以通过推断、解释以及转换这三种表现形式体现出来。推断是指将发展的趋势推测出来；解释指用自己的话将看到的信息概括说明出来；而转换的意思就是指把信息原有的意思通过一种不同的表达方式无误地表达出来。

（3）应用

应用是指一种将已学习的知识运用到新情境中去的能力。应用的领域极为广泛，涵盖理论、方法、概念等方面。应用与领会的本质区别在于，前者涉及知识体系之外的事物，而后者仅限于对自身条件和结论的理解。应用要求具备背景材料、拥有构成问题的情境，并在未明确解决问题的前提下，正确地运用和操作知识等。新问题是构成问题情境的必要条件，它由学生原有的知识构成。"应用"相对于"知道"与"领会"来说水平较高，它的水平层次是以后两者为基础的。

（4）分析

分析，顾名思义，就是将烦琐的信息、整体的知识材料分为很多小部分，且具有能够清楚地了解这些部分间存在联系的能力。如将教材中"跑"的段落划分出来并找到中心问题，将实验中事实的部分列举出来，为假说的部分亦是如此。分析不仅需要充分理解知识内容，还要了解知识的结构。因此，分析代表的水平比应用更高。

（5）综合

综合就是将知识的每一个部分进行重新组合，与分析恰好相反。综合指的是将各类知识整合为一个有机整体的能力，其核心在于构建新型知识体系与激发创新能力。在这一领域，个体需摒弃传统思维定式，勇于提出创新性解决方案；能够根据个人意愿对学过的知识进行梳理，针对条件不足的问题主动创造条件，针对结构完整的问题设计解决方案等。例如，运用所学的历史知识将中国举办足球亚运会比赛的必然性分析出来。

（6）评价

评价是指针对特定目标、学习内容与方法等，进行价值判断的能力。在实施评价之前，应先进行综合分析，形成对各种问题独特的判断标准，再利用客观的对象同这个标准之间的关系进行具体分析，方可做出有关判断。由此得出，"评价"的学习水平层次相对于"分析"与"综合"来说更高。例如，对一个实验进行分析，并正确地将其科学价值判断出来。

如果有特殊需要，还可以将这些目标划分成更细、更具体的目标群，而这些目标群是行为目标设计与测量的基础。从以上的目标分类系统中可以得知，知道就是指对知识做出简单的记忆，而后面五个层次都属于智力技能，它们要对知识进行新的组合。这五个层次的智力技能没有分界线，它们常常以一种交织叠加的形式出现。因此，我们在对教学目标进行设计的时候，如果仅保持在知道的水平是远远不够的，对于学习者的智力技能方面应该加强重视。但凡重要的概念或者原理的教学，其教学目标都需要按照六级来设定，并对教学效果进行评价。而有些学习内容的要求就不需要那么高了，不一定要求学生进行分析、综合与评价。由此可见，在设计教学目标时，我们不能生搬硬套，而是要灵活运用，具体问题具体分析。

2. 情感领域的目标分类

情感是指因外界刺激产生的否定或肯定的一种心理反应，如厌恶、喜欢等。人的行为常常会受到个体情感的影响，情感领域的目标比较难以分类，我们推荐使用克拉斯沃（Krathwoh）的分类方法，如图 4-2-3 所示：

				性格化
			组织	组织
		评价	评价	评价
	反应	反应	反应	反应
接受	接受	接受	接受	接受

图 4-2-3 情感领域教学目标从低级到高级层次图

（1）接受

"接受"就是产生情感的第一步，指某人自愿关注某件事或某项活动。例如，自觉听课、参加班级活动等。

（2）反应

"反应"是"接受"的下一步，指某人自愿参加某事，并给出相应的反应。例如，能够自发完成教师分配的学习任务，积极参与团队讨论，热衷于参加篮球竞赛等。

（3）评价

"评价"是指对特定行为或事项的价值进行识别、认可，并在认知过程中展现出一定的执着与坚定，从而发自内心地遵从该项事务的价值观。例如，积极投身排球训练、热衷于体育锻炼等。

（4）组织

"组织"是指在面对多种价值观念时，将全部价值观念整合为一个体系，并划分出自己认为重要且有意义的价值观念，从而构建个人价值观体系。例如，接纳"生命在于运动"这一价值观念，并持之以恒地进行体育锻炼等。

（5）性格化

"性格化"就是指内化价值体系，形成自身的性格特征（人生观、世界观、价值观），这也是情感教育的最高境界。例如，保持良好的身体素质以及健康状态，能够在比赛过程中体现团结、合作的精神。

3. 动作技能领域的目标分类

动作技能领域的目标是使学习者的协调性与肌肉力量发展起来。不管是小学阶段，还是中学、大学阶段，都非常重视动作技能领域的目标，这也是教育界重要领域的教学目标。我国有学者将其称为"技能学习的认知阶段"。同样，在动作技能领域，将目标从低级到高级可以划分为六个阶段：反射运动、基础生理活动、感知能力、身体运动能力、运动技能以及综合运动能力。值得注意的是，这里的第一、第二级水平并不是教学目标，此类目标涉及的内容是骨骼与肌肉的使用、发展与协调。这里主要推荐的是辛普森（Simpson）于1971年提出来的分类体系，也是当前社会中运用范围较广的一种分类体系，如图4-2-4所示：

					创新
				适应	适应
		复杂的 外显反应	复杂的 外显反应	复杂的 外显反应
	自动化	自动化	自动化	自动化
反应	反应	反应	反应	反应
准备	准备	准备	准备	准备	准备
知觉	知觉	知觉	知觉	知觉	知觉	知觉

图 4-2-4　动作技能领域教学目标从低级到高级层次图

（1）知觉

"知觉"是指通过感官收集信息以引导行为，其主要目标在于掌握特定动作技能的相关特性、功能及知识等。例如，了解起跑器的操作方式。

（2）准备

"准备"是指在心理、生理及情绪层面上为实现某种动作技能所做的适应性准备。例如，在学习和掌握篮球复杂动作的过程中，通过热身运动提前做好身体与心理的准备。我国学者将知觉与准备阶段视为"技能学习的认知阶段"。

（3）反应

在教育领域，"反应"一词指的是在教师指导下，学生能够展现出相关的动作行为。具体来说，学生可以通过模仿教师的动作进行学习，并在教师的指导下进行实践，逐步使动作规范化。

（4）自动化

自动化指的是在训练过程中，经过一定程度的练习，个体能够熟练掌握某些动作，拥有相对稳定的技能。例如，能够正确掌握铅球投掷动作等。

（5）复杂的外显反应

复杂的外显反应，即在最短时间内、最低能耗的条件下，完整展示全套动作技能，且操控自如，一口气完成整套动作。例如，精准无误地完成单杠大回环动作。

（6）适应

适应指能够熟练地将所学动作技能运用于各种环境，且适应良好。例如，凭借自身掌握的舞蹈技艺，创作出一套完整的健美操。

（7）创新

创新是指在习得相关动作技能的基础上，具备开创一套全新动作技能的能力。例如，将动作技能进行优化，创造出新的舞蹈动作等。

结合上文所述内容，本书将教学目标分为三大类，以便于讨论。在现实中，这三类学习可能会在同一时间发生。例如，在学习某种内容时，其中融入或多或少的情感、态度、技能等内容。因而，在设计教学目标时，要综合考虑某学习内容的不同类型的学习目标，促使学生能够实现全方位的发展。

第三节　高校体育教学组织设计与实践

高校教学组织形式就是教学活动中师生相互作用的活动方式，其主要关注教育者如何将学生组织起来，如何将教师与学生联系起来，如何科学规划教学实践和教学空间，如何充分利用教学资源和条件，如何使师生形成有效的教学互动，并最终实现教学目标。

一、课堂教学组织形式概述

（一）教学组织形式的含义

通过查阅专家和学者关于教学组织形式的研究和讨论，我们可以发现教学组织形式主要具有以下四方面含义：

第一，在教学活动中，师生双方都必须服从一定的教学程序，学生主要以独立学习、小组合作和集体上课等形式完成教师设计和制订的学习任务。

第二，师生双方的教与学活动应服从一定的时空限制，并彼此形成搭配关系。

第三，师生通过此类程序与"搭配"关系构建的共同活动，实现直接或间接的相互交流与影响。

第四，在此相互作用过程中，实现教学内容、教学方法和教学步骤在时空上的综合。

教学组织形式取决于教学活动，教学组织形式的科学性、正确性直接影响教学质量和教学目标。

（二）主要的教学组织形式

1. 班级教学

（1）班级教学的基本特点

班级教学也叫"集体授课"或"班级授课"，这种教学组织形式主要根据学生的年龄、知识水平对学生进行统一编排，形成具有固定人数的班级，教师则根据教学计划统一实施教学，其主要特点为：一是以"班"为单位，学生在"班"集体中学习，班级中各学生的年龄以及知识水平大致相同。二是以"课时"为单位，课时可分为"学年""学期""学周""学日"，也可以是一节课。教师向班集体中学生进行统一授课，设定统一的起止时刻。三是以"课"为活动单位，在"课"上将教学内容通过有效的教学手段和方法进行衔接、整合，确保教学的完整性和系统性。

（2）班级教学的优势

班级教学的优势为：一是一名教师可以面向多名学生展开教学，有利于满足大多数学生的学习需求，提高了教师个人的教育能力，具有规模效益。二是在规定的时间内传授既定的教学内容，有利于保持教学活动的有序性和科学性，使学生循序渐进地学习和接受知识。三是教师综合各方面因素和条件设计和制定"课"，并在教学活动中起到主导作用。四是时间统一、班级人数固定，有利于学校和教师统一安排进度和教学内容，促进教学活动的有序进行。五是师生进行直接交流和互动，有利于加强师生联系，同时也有利于教师快速、及时收集教学反馈信息，以调整教育教学方式和讲授内容，提高教学的科学性和实效性。六是以"班"集体展开的教学互动是一种群体性活动，有利于培养学生的社交能力、健康人格，使其拥有较强的集体荣誉感和责任心。

（3）班级教学的主要形式

班级教学的主要形式包括以下三种：

课堂讲演，是我国教育教学多采用的授课形式，授课中用到的教学方法主要包括讲解法和演示法。讲解法，即教师通过讲述向学生传授知识概念、原理、事实、现象或推导公式等，这种教学方法适用于常规教学要求；演示法，即教师通过使用实物、教具等进行动作示范，使学生形成对事物现象的感性认识。在体育教学中，讲解法通常与演示法结合使用，有利于帮助学生理解知识动作的概念和原理。

课堂回答，即教师设计提问并引导学生思考，使学生自己得出结论、获得知识、发展智力。在课堂回答中，教师应注意以下几个问题：一是准备充足。二是提问要量多、精，具有发散性。三是面向全班同学提问，引发学生集体思考，应照顾到各层次学生的发展需求，尤其要关注不善发言、成绩水平靠后的学生。四是问题应难易适中，能够调动学生的积极性。五是对学生回答问题的情况及时进行反馈。

课堂练习，即学生在课堂中独立完成操作、练习、预习和复习。课堂练习必须使学生从练习中受益，掌握动作技能的关键点和规律性。在课堂练习中，教师应注意以下几方面问题：一是引导学生了解练习要求和练习目的，并确保学生能够在有效的理论指导下展开练习。二是对学生的练习结果和情况进行及时反馈，做出调整和纠正。三是根据实际情况具体调整练习方式。四是循序渐进地展开练习。五是注意做好练习总结。

2.小组教学

（1）小组教学的特点

小组教学，即根据学习任务以及学生的个人特点，将一个班分成若干小组展开教学活动。小组教学应将班级分为多个小组，但仍旧保留并基于班级形式展开。小组是为具体教学活动而组建的，具有暂时性，并非永久，持续时期可以是一周、一学期或一年。小组分组应当主要以学生的性格特征、学习情况为依据，以使组内成员之间可以相互帮助、取长补短。各小组组内人数不宜过多，否则会削减组员活动的积极性；各小组组内人数也不宜过少，这样不利于有效学习的展开。根据学习任务、学习活动和学习兴趣的不同，小组可以是学科小组，也可以是活动小组。

小组教学适用于广泛的教学实践，分组讨论是强化课堂教学效果、巩固教学知识的一种常见的教学形式。在小组讨论中，教师可先向学生提出问题，再由小组成员认真思考、彼此交流、相互启发和学习，针对问题展开探索并得出结论。此外，在小组讨论中，组内学生也可以互相提问和回答问题，教师在其中起到引导和支持作用，作为问题的调节者从大方向把控各组间、组内的讨论节奏，保证讨论问题不偏题，帮助和启发学生思考，使分组讨论充分发挥作用。

（2）小组教学的利弊

小组教学有利于学生直接参与学习，能够培养和增强学生的参与意识、思维能力和领导组织能力，同时也有利于加深师生之间的联系，创建健康的师生关系。小组教学的优点是非常显著的，能够深刻推动体育教学的发展。但是，不可否认的是，小组教学也有一定的弊端，其中主要的问题在于小组教学不利于教学进度和节奏的把控，较难在既定的时间内完成特定的教学目标。

因此，教师应把握好小组教学的利弊，根据教学目标和学生的学习特点谨慎地采用此形式。

一般来说，以下几种情况比较适合进行小组讨论：一是问题的答案不止一个。二是问题的答案具有唯一性，但是这一答案中包含较难的概念，为了促进学生吸收和理解，需要学生从不同的角度进行论证。三是当一个概念与学生的认知或常识相悖时，小组讨论有利于学生更好地理解概念。

（3）常用的小组教学形式

①随机分组：将学生随机分为若干小组。

②同质分组：以学生的体能、运动技能层次进行小组划分。

③异质分组：各组实力相对一致，而组内学生之间的体能和运动技能具有差异性和层次性。

④帮教型分组：组织学生直接对其他学生进行学习上的帮助。

⑤友伴型分组：学生自行选择分组练习组员，通常学生会选择与自己关系较为密切的学生形成小组。

（4）选择分组形式应注意的事项

一是选择性。在体育教学中，应根据具体的教学内容、对象和器材条件，选择科学、适宜的分组练习形式，组织形式应具有变化性；应根据不同的环境和条件进行调整和变化，但也不能为了追求多样性而随意变化分组练习形式；应确保教学形式有利于教学内容与教学组织的有效结合，有利于实现体育教学效果和目标。

二是灵活性。教学的分组形式应根据实际情况灵活使用和具体调整，以实现最佳的教学效果。根据教学的具体要求，可采用同质分组、帮教型分组，也可以采用异质分组等。

三是综合性。进行教学分组时，应综合应用多种分组练习形式，以促进学生发展。

四是自主性。应强调学生的体验式学习，为学生学习营造愉悦、自由、宽松的活动空间，教师在活动中起到指导作用，学生能够自主选择形式，充分参与体育活动，提高学习的主动性和积极性。

3. 个别化教学

（1）个别化教学的特点

个别化教学是一种针对学生的个体学习需求、兴趣培养、能力发展、学习进度和认知方式采用的教学策略，而非倡导学生独自学习。教师可根据学生的个体差异，为其设定相应的学习目标与要求，并妥善安排个性化的一对一辅导。个别化教学有利于照顾落后于整体学习进度、理解能力差以及有其他特殊需要的学生，在班级授课的同时，兼顾个别学生的学习需求，提高教学质量。教师应根据学生的个性、学习特点以及学习准备情况具体布置学习任务，支持学生自学和独立钻研，使学生能够逐渐进行独立学习。为了充分发挥个别化教学的影响和作用，教师应当注意以下问题：

一是学习的步调。应让学生以自己的步调进行学习。

二是教师应当能够有效地指导学生按照预设的目标顺序进行学习活动，同时能根据不同学生的需求灵活地调整学习目标，以适应学生的个体差异，满足其个性化需求。

三是学习活动或材料。学生的学习手段是影响个别化教学效果的重要因素，学生可能会依赖于课本学习，可能会使用课外辅导资料进行学习，也可能喜欢从视听媒体获得知识和技能。

四是个别辅导。个别辅导常包含三种形式，即教师的个别辅导、同伴辅导和模拟一对一情境教学。

（2）个别化教学的优点

学生只有通过自身的努力，才能将知识信息内化为自己的知识结构。体育学习同样如此，只有对学生开展个别化教学，才能使学生有针对性地努力，进而有所收获。

一是个别化教学适用于满足不同学生的学习需要，遵循因材施教的教育理念和原则，更有益于学生的学习和发展。

二是个别化教学有利于激发学生学习的主体性和积极性，有利于帮助学生树立学习自尊心和自信心，使学生充分把握每一个学习机会，最终从学习中受益。

三是个别化教学有助于锻炼和提升学生自我教育、独立探究和自主学习的能力。

四是在个别化教学模式下，学生在学习空间上享有较高的灵活性，这将有助于激发学生的学习热情，让他们更加积极主动地学习，进而创造出更多的可能性。

（3）个别化教学的局限性

一是若长期坚持在教学中使用个别化教学形式，会在一定程度上削弱学生与学生之间、教师与学生之间的作用和联系，不利于学生竞争意识、集体意识的培养和增强。

二是长期坚持个别化教学形式，可能会削弱学生的学习兴趣，使其产生疲劳和厌倦之感。

三是个别化教学强调学生的自主性和独立性，但并不是所有学生都适用于这种形式，一些学生会因为缺乏自觉而在这种教学形式下成绩下滑。

四是个别化教学的实施代价较高，相较于其他教学模式，需投入更多的时间、精力、财力和资源。

五是个别化教学无法促进学生互动交流能力的提升。

二、体育课堂教学组织形式的设计和实施

体育教学的内容和组织形式密切相关，教学组织形式的设计和实施将直接影

响体育教学的质量和效果。下面以多种运动类型为例对教学组织形式进行实践性讲解。

（一）跑的教学组织形式

跑是人类的基本运动形式，在体育教学中较为常见，涉及快速跑、耐久跑、跨栏跑、接力跑等多种形式。

1.快速跑的教学组织形式

在组织该项目的教学时，首先应该知道该项目的特征就是"快"。在此基础上可以变化跑的形式，促进学生广泛参与。下面的组织形式（"风车"的制作和游戏）可以在教学中尝试。

第一，学习目标：掌握风车制作技巧并在游戏中体验高速奔跑的乐趣，从而领略运动的魅力。

第二，学习内容：快速跑。

第三，学习对象：体育素养相对较弱的学生。

第四，学生课前准备：风车制作材料的准备。

第五，教学步骤：一是动手动脑，利用各自准备的材料，精心制作风车。二是体验风车运转，完成风车制作后，探讨风车转动与风速之间的关联。三是速度感知，分别在手握风车慢跑与快速跑的过程中感受风车的转动速度差异。四是优化风车设计，共享经验与感悟，并通过快速跑再次体验风车的转动速度。五是开展风车接力竞赛。

2.耐久跑的教学组织形式

耐久跑，即长时间跑，在此基础上可以变化跑的形式，促进学生广泛参与。

第一，教学目标：增强心肺功能，体验成功的喜悦和乐趣。

第二，学习对象：体育运动能力水平中等的学生。

第三，学习内容：耐久跑。

第四，教学步骤：组织"大渔网""躲避球"等跑动性游戏，让学生自主练习；分成若干小组，小组讨论跑步路线，绘制理想路线图；根据设计图案进行跑的练习；展开讨论并对路线进行修改，得出更合理的路线图；再次体验，根据再修订的图案进行耐力跑；评价与小结。

3.跨栏跑（障碍跑）的教学组织形式

跨栏跑即跨越栏杆跑动，在此基础上可以变化跑的形式，激发学生兴趣，促进学生广泛参与。

第一，学习目标：积极参与各类活动，提升应对挑战的能力，尽享取得成就带来的欢愉与乐趣。

第二，学习对象：中等运动能力水平的学生。

第三，学习内容：跨栏跑。

第四，学习步骤：一是组织学生欣赏各类跨栏比赛的精彩片段，如100米、110米和400米跨栏等，激发学生的兴趣。二是开展热身活动，引导学生组成纵队，通过跳跃、穿越、滚动等方式行进，以熟悉障碍物。三是实施分层教学，从易到难设置多组栏架，允许学生自主选择适当难度。鼓励学生成功跨越栏架后挑战更高难度，若失败则可选择降低难度或继续挑战，以熟悉和掌握技术动作。四是引导学生进行自主学习，观察并讨论自身及他人的跨栏练习，实现边学边练，教师提供必要的指导。五是提供展示平台，让学生在各组间展示自我，获得认可与好评。

（二）投掷运动的教学组织形式

相对于跑的练习来说，投掷运动在体育教学中所占比例较少，但是其对于学生身体素质的影响也是极大的，适当的投掷运动教学有利于促进学生身体健康。投掷教学涉及掷沙包、掷铅球和掷实心球等活动项目。

投掷运动主要是上肢用力，在此基础上可以变化形式，激发学生积极性，促进学生参与。

投掷教学组织形式包括以下四个方面：

第一，学习目标：掌握各类投掷技巧，深刻领悟投掷过程中的用力方式，实现全身肌肉的协同作用，同时关注运动安全事项。

第二，学习阶段：全体学生。

第三，学习内容：投掷实心球。

第四，学习步骤：一是组织游戏，将沙子填充至可乐瓶制成保龄球瓶，学生分组使用实心球击倒保龄球瓶；或者进行体侧或胯下的实心球接力赛。二是教师对学生阐述实心球投掷技巧，同时指导他们参与实践锻炼。三是学生间通过深入的交流和讨论，分享投掷的体验，共同研究并探索最佳投掷方法。可以探讨如何优化用力顺序以实现全身协调用力，哪种投掷方式更适合个人特点，以及如何确保投掷过程中的安全。四是自行选择投掷方法，体会最适合自己的投掷方法。五是进行情境教学，如"抗洪抢险"。用音响播放营造洪灾氛围，创设"抗洪抢险"的情境，将哑铃、铅球等作为"抗洪物资"，要求学生以最快的速度将其传送到"抗洪抢险"第一线。六是教师进行活动小结，表扬其中表现优越、勇敢的学生，并指出学生的不足，使其进行改正。七是进行再次演练，将哑铃、铅球、实心球等作为"人民财产"，要求学生以最快的速度传送到安全地点（器材室）。八是对活动进行最终小结和评价。

（三）跳跃项目的教学组织形式

跳跃运动是体育教学的重要部分，主要包括立定跳远、单足跳、蛙跳和跳远等活动项目。跳跃运动主要是下肢用力，在此基础上可以变化形式，以激发学生积极性，促进学生参与。

跳跃教学组织形式包括以下四个方面：

第一，学习目标：熟练把握各类跳跃运动的技术要点，进行自我训练，以培养和提升跳跃技能。

第二，学习阶段：全体学生。

第三，学习内容：各类跳跃方法。

第四，学习步骤：一是充分热身，以同质小组分组形式将学生合理分为若干小组，讨论选择游戏练习，并选择组内一人带操做热身运动。二是进行单脚跳练习，用呼啦圈做间隔练习。三是进行双脚跳练习，用呼啦圈做跳绳练习。四是进行蛙跳和收腹跳。五是单、双脚配合练习。六是综合性循环练习。七是接力比赛。

（四）篮球项目的教学组织形式

篮球是体育教学的一项主要内容，有利于提高学生的身体素质。篮球运动主要是四肢协调配合，是一项具有对抗性、集体性和灵活性的有氧运动形式。在此基础上可以变化运动形式，激发学生积极性，促进学生参与。

篮球教学组织形式包括以下四个方面：

第一，学习目标：提高协作、配合意识和能力，掌握篮球基础技战术并提升运用能力。

第二，学习阶段：全体学生。

第三，学习内容：篮球运球。

第四，学习步骤：一是教师为学生播放篮球比赛的相关影音片段，让学生欣赏和观察其中的传球和运球技巧。二是进行篮球游戏，学生呈一列纵队，进行头顶与胯下传球接力。三是组织进行直线和曲线的运球比赛。四是学生之间分享和交流运球比赛的体会和感受，讨论运球技巧。五是教师在比赛后进行小结，指出学生的优缺点。六是教师讲解和示范高运球、低运球、胯下运球、体前变向运球等运球技术。七是两名学生自由组合，自由选择运球技术进行练习，相互协作，教师从旁巡回指导。八是组间轮流展现练习成果，对自己和他人的成果进行分析和评价。九是教师进行分析总结。

（五）足球项目的教学组织形式

足球是体育教学的一项主要内容，有利于提高学生的身体素质。足球运动主要是下肢协调配合，是一项具有对抗性、集体性和灵活性的有氧运动形式。在此基础上，可以变化运动形式，激发学生的积极性，促进学生参与。

足球教学组织形式包括以下四个方面：

第一，学习目标：增强协作、配合意识，掌握足球基础技战术并提高带球运用能力。

第二，学习阶段：全体学生。

第三，学习内容：足球带球。

第四，学习步骤：一是教师为学生播放足球比赛的相关影音片段，让学生欣赏和观察其中的传球或带球技巧；二是进行足球游戏，学生呈一列纵队，进行S形传球接力；三是组织、进行曲线带球比赛；四是学生之间分享和交流运球比赛的体会和感受，讨论带球技巧；五是教师在比赛后进行小结，指出学生的优缺点；六是教师讲解和示范带球、传球、体前变向拉球等多种运球技术；七是两人一组自由组合，自由选择带球技术进行练习，相互协作，教师从旁巡回指导；八是组间轮流展示练习成果，对自己和他人的成果进行分析和评价；九是教师进行分析与总结。

（六）排球项目的教学组织形式

排球是体育教学的一项主要内容，有利于提高学生的身体素质。排球运动主要是全身协调配合，是一项具有对抗性、集体性和灵活性的有氧运动形式。在此基础上，可以变化运动形式，激发学生的积极性，促进学生参与。

排球教学组织形式包括以下四个方面：

第一，学习目标：增强协作、配合意识，掌握排球基础的技战术并提升运用能力。

第二，学习阶段：全体学生。

第三，学习内容：排球传球。

第四，学习步骤：一是教师为学生播放排球比赛的相关影音片段，让学生欣赏和观察其中的垫球或传球技巧。二是进行排球游戏，学生呈一列纵队，进行垫球接力。三是组织、进行垫球比赛。四是学生之间分享和交流垫球比赛的体会和感受，讨论垫球技巧。五是教师在比赛后进行小结，指出学生的优缺点。六是教师讲解和示范垫球、传球等多种排球技术。七是两名学生自由组合，自由选择排球技术进行练习，相互协作，教师从旁巡回指导。八是组间轮流展示练习成果，对自己和他人的成果进行分析和评价。九是教师进行分析与总结。

第四节　高校体育教学设计的实践发展

一、以"以人为本"为设计核心

"以人为本"是体育教学的重要原则之一，不仅对体育教学活动起到重要作用，还对与体育教学相关的一切事物有指导作用，也同样指导着体育教学设计。在新时代下，特别是对素质教育进行重新定义后，体育育人的关键在于"育"，而运动技术或知识只是育人的载体。遵循"以人为本"原则开展的体育教学设计工作，必定会在设计中关注人文精神在体育教学中的存在意义，使得体育教学不只是一个领域的知识或技能的传授这么简单，而是要成为培养人的良好生活习惯和健全人格的教育行为。因此，体育教育工作者应坚持以"以人为本"为设计核心进行教学设计。

二、以"终身体育"为设计宗旨

"终身体育"是现代体育教学的目标之一，这一目标也符合素质教育的要求。所以，在体育教学设计中，我们必须将"终身体育"的教育理念贯彻其中。通过教授学生体育知识、运动技巧、技能及方法等教学活动，使学生深刻理解健康的重要性，让学生养成良好的体育锻炼习惯，并将体育锻炼融入日常生活中。

三、注重对学习环境的构建

学习环境是开展教学活动的另类载体。学习环境包括有形的体育教学场地、体育器材等，无形的体育教学软实力、教学氛围以及校园体育文化等。知识和技能的获得需要在个体运用知识和技能的"情境"中得到，为了获得所需知识或技能，就需要为这一目标特别创建与之相适应的环境。

四、探索并应用新教育技术

在现代化信息时代，支撑信息传输的媒介就是电子计算机和互联网，凭此契机，多媒体技术的发展也日新月异。现代教育技术在体育教学设计中的应用还主要体现在其对教学的辅助和支持作用上，其为高校学生自主学习体育课程进行了个性化网络信息平台的搭建。多媒体教室的建立以及便携的多媒体终端，更展现了现代教育技术在实践中较强的适应能力。这些技术为高校体育教学工作注入了新的活力。因此，要重视研究多媒体在体育教学中的应用，研究适合体育运动特点的多媒体软件，设计出生动形象的多媒体课件并运用于教学实践中，从而不断提高体育教学质量。

第五章 高校体育教学评价探究

体育教学评价是体育教学的重要环节，也是检验体育教学效果的手段。通过对体育教学进行评价，学校管理者能够发现体育教学中存在的问题，体育教学评价对体育教学的发展和完善有着积极的意义。本章主要内容为高校体育教学评价探究，从三个方面展开介绍，分别是高校体育教学评价概述、高校体育教学评价的科学原则与方法及高校体育教学评价的发展与完善。

第一节 高校体育教学评价概述

一、体育教学评价的概念

体育教学评价是主要针对体育教师教体育和学生学体育的过程与结果所进行的一种价值判断，教师教体育与学生学体育相统一的一个双边活动过程则是体育教学过程。

体育教学评价包括两个方面的内容，既包括对体育教师"教"的能力、态度、效果的评价，也包括对学生"学"的能力、态度、效果的评价。

二、体育教学评价的特点

（一）动态性

体育教学评价不仅包括对体育教学结果的评价，也包括对体育教学过程的评价，两者应有机统一起来。体育教学过程受多种因素影响，充满不确定性，因此体育教学评价具有动态性。此外，所有学生的学习进步程度不可能完全一致，这也要求体育教学评价要保持动态性。

（二）多元性

体育教学评价的多元性具体是指体育教学评价主体的多元性。随着新课程的改革，学生在体育教学中的主体地位日益得到重视。现代体育教学评价要求把评价变为学生积极参与、自我反思和逐步发展的过程，使教师与学生之间相互理解和支持，并形成平等、积极的评价关系，使评价更加客观、公平、公正，并促进学生主动参与体育学习。

此外，有条件的学校还可以将教师评价、学生评价、家长评价、管理者评价等结合起来，使体育教学评价更加全面、准确。

（三）过程性

教学实践表明，单纯重视教学结果的评价并不能真正反映教师的教和学生的学的情况，不能反映教师与学生的态度和自我的进步。这也是教学评价强调重视教学过程评价的原因。

以对学生的学习评价为例，通过记录体育学习过程使学生对自己的进步过程有更加详细的了解和认识，可有效增强学生的自我评价能力。将学生平时的成绩与期末成绩相结合，能使学生、教师、家长不再只关注期末考试成绩，能达到"以评促学，以评促教，评教结合，教学相长"的目的，符合新时期素质教育的客观要求。

（四）多样性

体育教学评价的多样性是指评价方法的多样性。在现代体育教学评价中，每一种评价方法都有自己的长处和不足，也都有特定的适用范围，因此，没有一种体育教学评价方法是万能的。这就要求教师在体育教学评价过程中应以实际需要为主要依据，合理地使用多种评价方法进行综合评价。一方面，可以使各种评价方法的优势充分发挥出来，而且能使其通过互相弥补的方式改正自身的缺点，从而使学生的积极主动性得到更好的激发和发展；另一方面，可以使体育教学评价更加客观和公正。

（五）发展性

随着以人格和谐发展为核心理念的文化价值观的树立，全社会开始普遍关注文化价值理念在教学中的应用。这一理念使得体育教学评价开始注重以人为本，在关注体育教师和学生的教与学的现实表现的同时，开始重视体育教师与学生的未来发展。因此，体育教学评价具有发展性，要求评价者重视教师与学生的综合素质提高与教学的可持续发展。

第二节　高校体育教学评价的科学原则与方法

一、高校体育教学评价的原则

（一）全面性原则

在进行高校体育教学评价时，全面性原则是必须坚持的重要原则之一。具体来说，主要表现在对组成教学活动的各个方面做到全方位、多角度评价，从而使以偏概全、以点带面的现象得到有效避免。高校体育教学质量，可以通过教学系统的复杂性和教学任务的多样性来体现。教学质量表现为一个由多种因素综合而成的整体。因此，对教学活动的评估需要全面且多角度，以确保全面了解其质量。在评估过程中，务必善于抓住主次、明确轻重，着重解决主要矛盾，将重点集中在影响高校体育教学质量的关键环节和主导因素上。同时，还应当有机结合定量与定性评估，形成相互参照的评估体系，以实现对评估对象实际效果的全面且准确的评价。

（二）科学性原则

科学性原则是高校体育教学评价必须遵循的重要原则。具体来说，科学性原则是指要以客观规律为主要依据，实事求是，努力实现评价方法、标准及程序的科学化。在进行教学评价时，要将经验和直觉的影响力降到最低，正确的做法是以科学为依据。只有做到严谨和客观评价，才能充分发挥评价对高校体育教学的指导作用。为了实现科学性，需要从两个方面入手：首先是评价目标和标准的设定，需要遵循科学原则。其次是评价过程和方法的选择，必须保证科学性和客观性。

在高校体育教学评价中贯彻科学性原则时，要做到以下三个方面：首先，立足教与学相结合的视角，以高校体育教学的目标体系为基准，确立统一且合理的评价准则；其次，对编制的评价工具进行严谨的预试、修订与筛选，确保其达到特定标准后，方可广泛应用于实践；最后，推广并运用先进的统计技术与测量方法。同时，对获取的各项资料与数据进行认真负责的分析与处理。

（三）指导性原则

在进行高校体育教学评价的过程中，务必遵循指导性原则。具体来讲，指导性原则是指并非局限于事物的规定性，而是要将评估与指导有机融合，使评估者全面了解自身状况，从而实现对其未来发展的有效指导。换言之，需认真分析评估结果，多角度挖掘因果关系，找出问题产生的根源，并通过信息反馈，明确被评估者今后的努力方向。

在高校体育教学评价过程中贯彻指导性原则，需要做到以下三个方面：首先，必须在一定数量的评价资料的基础上进行指导，避免缺乏根据的随意评价和表态。其次，要及时反馈，明确指导，避免采用含糊不清和拖延不决的做法，从而使被评价者能够明确方向，不至于感到迷茫。最后，要有启发性地做出评价，为被评价者留下思考与发挥的空间。

（四）客观性原则

客观性原则是高校体育教学评价的基本原则之一。高校体育教学评价的主体是人，但必须保证评价的客观性。高校体育教学评价的核心目标，是对学生的学习成果与教师的教学表现进行客观的价值评估。若评价缺乏客观性，则丧失了实质意义，可能引发误导性的教学决策，不利于推动高校体育教学的持续发展与优化。

二、高校体育教学评价的方法

（一）体育教师教学评价

作为高校体育教学活动的实施者，体育教师直接参与体育课程的教学，是高校体育教学活动质量的决定因素。评估体育教师的教学效果，是提高教学质量和教师专业素质的关键环节。

1.对体育教师素质的评价

当前，一名合格的体育教师必须具备良好的政治素质、知识素质、身心素质、能力素质和发展素质。对体育教师的素质评价应从以下方面入手：

（1）政治素质

政治素质是体育教师从业的基本素质，政治素质评价是对教师素质进行评价的重要环节。体育教师的政治素质涉及政策的贯彻与执行、工作态度、道德修养、行为习惯等方面。教师的职业道德是政治素质的重要方面，它要求教师对工作积极负责，并且尊重学生，对学生一视同仁。评价教师的政治素质时，可采用多评价主体（学生、教师、教学管理部门、家长）进行综合评价。

（2）知识素质

体育教师知识素质的评价需要考查教师对知识掌握的广度和深度，教师不仅要掌握基本技能和运动基础知识，还要充分掌握体育专业理论知识，并熟知高校体育教学的基本规律和学生身心发展的基本规律。

（3）能力素质

体育教师的能力素质包括以下几方面内容：一是高校体育教学工作的能力，如高校体育教学的设计、讲解、示范、组织教学与观察等技能。二是教学活动的能力。例如，制订教学计划、选择教学目标与教学内容、安排和组织教材、理解与挖掘教学内容、运用教学方法和现代教学技术手段的能力。三是表达能力。教师应使用规范、标准的专业语言，且教师的语言能够对学生产生感染力。四是对学生的教育管理能力，如组织课堂教学、处理和协调师生关系的能力等。五是体育资源的开发与运用能力。例如，对体育器材的改造和创新能力、充分利用体育场馆的能力等。六是创新能力，也就是体育教师不断思考，寻求新颖、有效的教学方法的能力。

（4）身心素质

体育教师的身体素质是进行高校体育教学工作的基本条件，不仅包括体育教师的运动能力，还包括体育教师在体育专项技术领域的能力。体育教师良好的心理素质表现为心理稳定，具有敏锐、细致的观察力，具有敏捷、缜密的思维，具有丰富的情感等。

（5）发展素质

体育教师的发展素质，即教师接受和学习新知识、新技术、新思想的能力。体育教师只有不断增加自身的知识储备，不断学习和进步，才能适应高校体育教学发展的要求，推陈出新，不断深化教学研究和教学改革。体育教师应具备自我学习能力，它是促进体育教师自我进步和发展的基础，也是实现高校体育教学发展的重要基础。

2. 对体育教师课堂教学的评价

体育教师课堂教学评价是对体育教师进行评价的重点内容。在体育教师的课堂教学评价中，既要注重对教学过程的评价，又要注重对教学活动有效性的评价。具体来说，应重视以下几方面评价：

（1）教育教学思想

思想决定行为，体育教师应具备正确的教学思想，只有这样，才能保证教学活动的科学性。在对体育教师的教育教学思想进行评价时，应判断体育教师是否能够以教书育人为原则，坚持"健康第一"与"终身体育"的指导思想；在高校体育教学过程中，是否重视对新的体育教育教学思想和理念的学习与应用。

（2）课程标准贯彻情况

具体来说，对课程标准贯彻情况的评价，主要包括课堂教学是否紧紧围绕学习目标进行，教学是否符合课程标准的要求，教学是否完成了课程标准规定的教学任务与教学内容等。具体而言，还涉及教学定位是否准确，教学是否符合学生的身心发展特征、是否符合学生的实际情况等。

（3）教学内容的科学选择

教学内容的选择对高校体育教学效果具有非常重要的作用。高校体育教学目标要求体育教师对教学内容的选择既要做到丰富全面，又要做到重点突出。在高校体育教学实践过程中，应注重高校体育教学内容安排与教学目标相适应，注重合理安排负荷量，使教学内容能够促进学生素质的全面提高，使学生的体能、技能、心理素质、社会适应能力、意志品质等方面全面发展。

（4）教学方法和手段的选用

对高校体育教学方法和手段的评价统称为对教师教法的评价。整体而言，高校体育教学的方法和手段应符合高校体育教学原则，教法要具有新意。具体来说，对教学方法和手段的评价，主要包括教师选用的教学方法与手段是否有利于学生身心发展，是否有利于激发学生的学习兴趣，是否有利于提升学生分析问题和解决问题的能力，是否有利于培养学生的创新思维，是否有利于促进教师和学生之间的沟通与互动，是否增强了教学的直观性，是否有助于提高学生的学习效率。

（5）教学技能

高校体育教学技能是体育教师应具备的最为重要的能力素质。在教学过程中，体育教师应科学设立教学目标，使教学目标具有可操作性，与高校体育教学目标、学生实际情况相适应；体育教师应充分整合利用多种教学资源，创设良好的教学环境，吸引学生积极参与其中；在教学过程中，体育教师还应该与学生形成良好的互动，并能够用规范、形象的语言进行知识讲解，示范动作也应做到规范、优美；对于教学过程中的突发事件，教师也应冷静、沉着应对，妥善处理。

（6）教学效果的评价

教学效果的评价是教师教学评价中最为重要的内容。评价教学效果具体包括教学目标的完成情况、学生的情感体验等内容。具体而言，包括是否能够促进学生知识和技能的掌握，是否能够培养学生的体育锻炼兴趣和习惯，以及学生心理素质和意志品质等方面是否能够得到相应的提升等。

总之，针对体育教师的教学评价应紧紧围绕高校体育教学目标实现、教学过程开展、教学效果和质量提高来进行，要做到评价客观、公正、全面。

（二）学生学习评价

学生是高校体育教学活动的重要参与者，对学生的学习情况进行评价是高校体育教学评价的重要方面。通过对学生的学习进行评价，能够使教师对教学任务的完成情况做出更好的判断，不仅能够为教学活动提供必要的反馈信息，还能够对学生起到一定的激励作用。具体来说，对学生学习的评价主要包括以下几方面内容：

1. 对学生体质健康的评价

发展学生身体素质、促进学生身体健康是高校体育教学的一个重要目标。在进行体能考核时，可参考《国家学生体质健康标准》中相应的各项考核指标，针对不同的年级采用不同的考核标准。

2. 对学生学习态度的评价

学生的学习态度对其体育学习效果具有重要作用，因此应注重对学生学习态度进行考核。通过对学生的学习态度进行考核，学生能形成积极向上的学习态度，有利于教学活动更好地开展。

在评估学生的学习态度时，需要关注以下四个方面内容：学生是否能自发、自觉地参与体育活动；是否能主动积极地思考，为实现目标而持续练习；在体育活动中是否全力以赴；是否能悉心接受教师的指导。

3. 对学生知识技能的评价

通过高校体育教学活动，学生需要掌握相应的知识和技能，这是高校体育教学的重要目标。对学生的知识技能进行评价时，应注重学生对相应知识的综合理解和实践应用。

需要特别注意的是，不同的学生在学习能力、既有知识和经验等方面具有一定的差异性，在进行相应的知识和技能的评定时，要因人而异。此外，即使是同一个学生，在不同的体育学习阶段也具有不同的发展水平，这也会影响学生知识及技能评定的成绩。

4. 对学生心理健康水平和社会适应能力的评价

高校体育教学的重要目标之一是促进学生心理健康的发展与学生社会适应能力的提升。学生良好的心理健康状况表现为积极、乐观、自信，能够很好地进行自我调节和控制。学生良好的社会适应能力表现为尊重他人，具有良好的人际交往能力、团队合作能力等。对学生心理健康水平和社会适应能力的测评，可以通过相应的心理学量表进行。

5. 对学生学习质量的评价

在对学生学习质量进行评价时，应以学生学习质量评价的目标和内容为依据，采用科学、合理、实践性强的学生学习质量评价方法。

在学生体育学习之初，应通过诊断性评价为学生建立起个人学习档案，涉及学生的知识、体能、技能等方面的内容。在一个阶段的体育课程学习后，应再次对学生做出评价，并与其起点成绩进行对照，以学生的学习进步程度为依据，对学生的体育学习质量进行准确评价。

第三节　高校体育教学评价的发展与完善

体育教学处于不断的改革与发展中，在这一改革与发展的过程中，人们逐渐开始关注体育教学评价的有关问题。体育教学评价的指标体系、方法与模式在新课程改革之后逐渐增多，还有一些依靠计算机操作的评价软件开始出现，这一点充分表明，体育教学评价的科学化、精确化与系统化在不断增强。然而，我们不能只在理论层面上研究体育教学评价的指标与方法，还要在实践上运用这些评价指标与方案，只有这样，才能提高体育教学评价的实践意义。

一、高校体育教学评价的发展趋势

（一）进行科学评价

一般来说，青少年对体育运动的态度应该是积极的、喜爱的，先天条件的差异使条件好的学生不用努力就能取得好的成绩，而条件差的学生即使增加锻炼的时间和强度，效果也往往不理想，这也影响了这些学生参与体育锻炼的积极性。鉴于这种情况，必须对其展开科学评价，通过评价结果的反馈进一步激励学生，使学生在教育环境中得到进一步成长，并且使学生对自己的进步有一定的认识。

（二）评价内容呈现出不断扩展的趋势

教育评价的核心功能在于服务教育目标。一旦教育目标得以明确，评价的范畴就可据此而定。现阶段，我国各高校在体育教学目标方面并未实现统一，体育教学目标呈现出多样化的特点，这一现象在学术界和教育界已获得普遍承认。因此，高校体育教学评价的内容也逐渐呈现出多元化的特征。具体来说，不仅包括技术技能考评或健康测验，还包括新课标规定的五个学习领域的目标内容。此外，也开始重视心理情感态度的评价。

（三）评价理念呈现出不断更新的趋势

在高校体育教学评价中，评价的理念要科学，要与素质教育相符。除此之外，素质教育在学校体育中的地位、作用也需要确定下来。同时，应确立高校体育的具体培养目标，保证培养目标与评价目标一致，并将其作为构建高校体育教学评价指标体系的核心依据。不仅如此，在保证评价指标体系科学性的基础上，还需要进一步增强评价办法的可操作性，确保评价体系能够有效地发挥正确导向作用。需要强调的是，素质教育并非意味着要摒弃考试，同样，体育课程也不能仅被视为"休闲活动"，而是要从根本上构建一个全新的体育教学评价指标体系。具体做法为：一方面，我们应该采用多元化的评估方法，实现综合的质量评价；另一方面，我们需要淡化考核的选拔性质，增强其在全面教育、检验、反馈和激励方面的综合功能。

（四）评价方式呈现出综合运用的趋势

高校体育教学评价方式的综合运用趋势主要体现在以下三个方面：

1. 将定量评价与定性评价结合起来进行运用

在体育教育中，定量评价方法的运用往往能够达到理想的效果。这主要表现在，它能够显著增强评价的科学性，使传统的定性评价方式得到质的提升。这也正是定量评价方法在体育教育中处于不可或缺地位的关键所在。需要注意的是，体育教育领域具有显著的复杂性和特殊性，同时涉及众多人文因素。而这些因素的衡量是难以通过定量评价方法进行的。此外，素质教育的提倡，更是对全面人才的培养提出了更为严格的要求。这要求我们不仅关注学生身体素质的提升和体质的增强，还要重视他们健全的人格和优良心理品质的培养。因此，必须将定量评价与定性评价相结合，以确保评价的准确性和科学性。

2. 将形成性评价、诊断性评价和终结性评价综合起来运用

在高校体育教学中，形成性评价起到的作用在于能够及时发现和识别存在的问题，并提供反馈信息，从而有助于改进和优化教学工作。诊断性评价则主要关注学生在学习特定内容前的知识储备状态，以及某一阶段教学工作的综合评价。终结性评价则是一种用于确定教学最终效果的方法，其主要目标是确保教学目标的实现。

由此可以看出，每一种评价方式都有其各自的特点和作用，因此，将这三种方式有机结合起来进行运用，能够起到使整个评价活动始终处于动态变化之中的重要作用。以往的高校体育教学评价活动，对终结性评价通常是非常重视的。终结性评价在单元或阶段学习结束时进行，因而，并不具备有效反馈功能。要想改

善这种情况，必须采取诊断性、形成性和终结性评价相结合的评价方法，这种方法也是非常正确且有效的方法。

3. 将自我评价与他人评价结合起来进行运用

在传统的教育评价活动中，他人评价通常会受到高度重视，而教师与学生的自我评价往往未能得到足够的关注。任课教师长期身处教学一线，与其他工作人员相比，他们能够更深刻地了解教学活动的具体状况以及教学质量的优劣。然而，在教育评估过程中，仅依赖教师自评是完全不够的，这是因为任课教师往往会受到心理压力以及主观因素影响，这会导致其对自身的评价欠缺不同程度的客观性和准确性，从而对自己的教学工作进行过高的评价。鉴于此，他评也是高校体育教学评价中必须采用的重要方法。将他评与自评有机结合起来，才能得出正确的评价结果。

另外，作为教学目标的实践者，学生要想对高校体育教学进行准确的评价，就必须亲身体验教学的内容。尤其是情感、意志、态度、兴趣等无法用定量表现的内容，只有通过自我评价才能获取真实信息。自我评价在学生学习中具有举足轻重的地位。一个擅长运用自我评价的学生能够依据教学目标，并通过持续的自我评估，确保自身在教学目标的引导下沿着正确的方向不断发展，这能在一定程度上帮助学生保持体育学习的积极性和主动性。除此之外，学生还应当建立自我评价的标准。具体来说，就是与教师的教学目标相结合，将自己的学习目标科学、准确地制定出来，从而更好地进行自我评价。这种评价方式与高校体育贯彻终身体育思想的方向一致，对学生养成正确评价自我的能力也较为有利。因此，可以在高校体育教学评价中运用。

二、高校体育教学评价进一步完善的对策

具体来说，促进高校体育教学评价工作的发展与完善，应重点做好以下四个方面的工作：

（一）建立科学的体育教学评价指标

从系统论的角度来看，高校体育教学目标应该具有科学性、简便性与易操作性，因为高校体育教学评价是对高校体育教学目标完成程度进行考核的方法，所

以高校体育教学评价也要契合高校体育教学目标的特征，简明、科学并易于操作。高校体育教学评价面临一个艰巨的任务，就是科学地建立起高校体育教学评价指标，并且要充分考虑我国的国情。评价指标的建立要重点做好两方面的工作，一方面，要从理论上加强对高校体育教学评价体系的研究；另一方面，要从实践上对高校体育教学评价进行有效改革。在建立评价指标的过程中，不仅要立足我国国情，还要借鉴外国高校体育教学评价指标建立的成功经验，使高校体育教学评价指标体系既具有中国特色，又具有"国际风范"。

下面详细分析科学建立高校体育教学指标的主要环节与步骤。

1. 初步拟定指标

对指标进行初步拟定是研究者以高校体育教学评价目标为依据，通过自身对高校体育教学的理解与实践教学进行的。具体的拟定方法如下：

对因素进行分析，逐级分解评价指标，分解时要以评价内容的内在逻辑结构为依据，逐级分解后的因素就是对评价指标进行初步拟定的方法。评价指标的分解顺序是从高层到低层，级别越低的因素越具体，直到能够观测到被分解的因素后停止分解，一个从第一级开始逐步往下排列的指标体系就形成了。

2. 筛选拟定指标

高校体育教学评价指标在初步拟定后还不够简单、明确，为了保证评价指标的简约性与科学性，要合理筛选初拟指标。经验法是对评价指标进行筛选的主要方法。经验法是以个人或集体的经验为依据归类与合并评价指标，对评价指标进一步加以确定的方法就是经验法，具体包括个人经验法与集体经验法。

（1）个人经验法

个人经验法是指对评价指标进行设计的个体以自己的经验为主要依据，运用思维的方式（比较、排列、组合）加工初步拟定的指标，决定评价指标的去留。个人经验法方便操作，但受到个人经验影响，被筛选的评价指标通常具有片面性，这是个人经验法的主要不足之处。

（2）集体经验法

集体经验法就是运用问卷调查的方式进行统计的方法。与个人经验法相比，集体经验法有利于克服个人经验的片面与局限，相对具有更高的科学性。因此，在对拟定指标进行筛选时，要注重对集体经验法的使用。

3. 权衡指标分量

确定高校体育教学评价指标之后，要对评价指标在高校体育教学评价中的重要性进行科学、正确的衡量，也就是对评价指标的分量加以权衡，从而使评价指标的重要性和地位确立下来。权衡评价指标重要性的方法主要有以下两种：

（1）依靠集体的力量加以权衡

依靠集体的力量加以权衡，这里的集体主要包括学校体育研究人员、教育部门的相关工作人员、学校体育部门领导以及体育教师等，依靠这些人员的经验与力量，对评价指标在评价内容中的重要性进行了解，从而为评价指标的权衡提供依据。依靠集体的力量加以权衡比较全面、科学，但很容易因为意见不同而影响权衡结果的统一性。

（2）两两比较加以权衡

将评价指标进行分组，两个指标为一组，有关工作人员对比和评判同一组两个指标的某一特征，运用矩阵形式表示比较与判断结果，从分析结果中对指标的优先顺序进行明确，评价指标的重要性也就一目了然了。

4. 确定评价标准

在做好以上三个环节后，就要确定高校体育教学评价的标准，在设计高校体育教学评价标准时要按照以下要求进行：

（1）标度的设计

定量与定性是表示标度的两种方法，通常用具有描述性的语言（熟悉、不熟悉，了解、不了解）表示定性标度。

（2）标号的设计

对标度加以区别的符号就是标号。确定标度后，要用一些区别性的符号（优秀、良好、中等、合格、不合格等）表示标号。

（二）重视体育课堂教学质量

高校体育教学离不开课堂教学这一形式。体育课堂教学的质量随着新课程的改革越来越多地受到关注。

因为体育课堂教学的评价主体存在或多或少的差异，很难运用量化标准对课堂教学质量做出定量评价，因此很难反映出体育课堂教学的实际情况。所以，研究人员与有关学者一定要重视体育课堂教学质量的评价，积极研究科学合理并具有可操作性的评价方法，促进体育课堂教学质量的有效提高。

（三）发挥体育教学评价反馈与指导功能

高校体育教学评价具有两个基本功能，即反馈与指导功能。评价主体在对高校体育教学做出评价的过程中，不仅要考虑高校体育教学评价的相关因素，也要考虑与高校体育教学相关的一些要素，因为评价是为完善高校体育教学服务的。在对高校体育教学做出评价之前，要先确立高校体育教学目标，并以此为依据进行教学评价。高校体育教学评价的结果能够比较准确地反映教学目标的设定是否合理。一般会出现以下两种评价结果：

第一，高校体育教学评价的结果是良好的，这说明之前制定的高校体育教学目标是较为合理的。

第二，高校体育教学评价没有取得理想的评价结果，这说明之前制定的教学目标与为教学而做的准备工作是不合理的，需要重新对高校体育教学工作的各个环节进行有效调节。

（四）分别建立体育教师与学生的评价体系

高校体育教学包含两个方面，即教师的"教"与学生的"学"，所以高校体育教学评价要从两方面入手，一方面是教授评价，另一方面是学习评价。当前，对学生学习评价的研究比较全面，对教师教授评价的研究则较为片面。鉴于此，有关专家与学者要进一步加强全面的研究，分别进行建立体育教师与学生的评价体系，实现高校体育教学评价的全面性与科学性。

第六章　高校体育教学的创新与发展

本章主要论述高校体育教学的创新与发展，分别介绍了高校体育教学创新的影响因素、高校体育教师的信息素养与教学创新以及高校体育教学创新体系建设构想。

第一节　高校体育教学创新的影响因素

教育是人类文明的继承工具，并为社会发展提供动力。为了匹配生产力的发展和生产规律，教育需要不断创新。在这个日新月异的时代，社会的构成、要素等不断发展，促使高校的体育课程创新教学方法。衡量体育教学成效的关键，在于能否有效地采用创新的教育策略。因此，本节的目标是探索高校体育课程创新的影响因素和潜在途径，进而提高高校培养人才的成效。

研究发现，影响体育课程教学创新的主要因素有：教育观念的更新、教学内容的重组、教学手段的改进以及教学评估的多样化。深入研究并改进这些方面，将大力促进体育教学的创新，为学生带来更全面的体育学习体验。

一、教育观念的更新是体育教学创新的前提

目前，高校体育课程的改革已经取得显著的成果，特别是在教学理念的创新方面。以北京师范大学为例，该校的公共体育课程改革因创新性而获得国家教学成果二等奖，这一荣誉反映了该校强调"健康与文化并重"的教学理念。在体育课程中，学生的需求被优先考虑，体育与文化教学并重，突出了"健康第一"的原则。此外，这些课程结合了本校独有的风格和民族特色，并融入了新兴、时尚和健身的元素。同时，这些课程还强调体育与文化、体育与健康之间的平衡，并特别强调师范教育的独特性。与此类似，清华大学的公共体育课程也被认定为国

家精品课程，其核心教学理念是"学会方法，提高能力，培养习惯，享受体育"。这些教学理念的有效实施使得清华大学的公共体育课程深受学生喜爱，并在教学效果上取得了显著成就。这些改革不仅提升了学生的身体健康，还在促进学生的全面发展和培养终身体育习惯方面展现了卓越效果。这种将学生放在中心位置，同时关注体育与文化发展的教学模式，正逐渐成为高校体育教学改革的标杆。通过这些改革，学生不仅在身体健康方面得到提升，而且在个人综合素质提升方面收获了丰硕的成果，这为高校体育教学提供了新的方向和灵感。

虽然不少高校体育课程的改革已经取得了显著的成效，但是仍有一些院校在体育教学改革工作上进展缓慢，以至于在推动体育教育创新的征程中收效甚微。此外，尽管"健康至上"作为教育的指导思想越来越受到重视，但在体育教学实践中坚持这一思想时，需要更细致、更全面的考量，而不应只将其作为高校体育课程的指导原则。

通过审视这些正反案例，我们可以认识到，更新教育观念是推动体育教学创新的前提条件。教育工作者必须从"以传授现有知识为主"的传统教学模式转变为"以学习者为中心"的现代教学模式，更加注重培育学生的创新思维和实践能力。这一转变不仅是对现有教育体系的挑战，也对教师和学生有极为重要的意义。

（一）树立"以人为本"的教育理念

推动高校体育改革，重点应放在更新教育理念上。这需要我们摒弃以教师为主导的传统课堂模式，转向以学生为学习主体的教学模式。这一转变包括全面实施以学生为核心的教育策略，从学校管理层对体育教学重要性的重新认识开始。管理层需要在资金和政策上提供支持，确保高校拥有足够的体育设施和器材。体育教师应关注学生的能力和思维成长，在设计教学内容和方法时，考虑学生的个性化需求，实现因材施教，只有这样，我们才能真正树立以人为本的教育，并为体育教学的创新和改革奠定基础。以篮球教学为例，教师应在热身环节鼓励学生自由分组，实现个性化的课前准备。在开展技术练习，如传球、接球、运球、投篮时，学生可以根据自己的体能和技术水平调整训练强度。在分班教学中，可根据水平将学生分为初级和进阶班，更好地满足学生的学习需求。比如，初级班着重学习基础技术，进阶班则强化个人防守和进攻技巧。在不同的体育项目中，教师可以依据学生的身体条件和能力设置差异化的教学目标。例如，在跳远教学中，根据学生的身高和跳跃能力个性化设定起跳点，这样每个学生都能在自己的能力范围内得到适当的挑战和进步。这种教学方法不仅能增强学生的学习动力，还有助于提升教学成效，促进学生全面发展。

（二）树立终身体育的教育理念

终身体育理念重在强调个人在其一生中持续进行体育锻炼和学习的重要性。这一理念最初在体育教育领域提出，对中国体育教学的体系和理念产生了显著的影响。它已成为高校体育教学的基石，要求受教育者在终身体育的架构内进行不断的改变和完善。该理念的核心在于：首先，它倡导每个人应在其生命过程中要不断参与体育锻炼，以提升体质和保障健康。其次，在终身体育理念的指导下，每个人应根据自己生命的不同阶段选择合适的锻炼方式和目标，同时保证拥有相应的锻炼机会，确保体育实践既科学又健康。在实施体育教学和进行体育锻炼时，应避免非科学训练，根据个人的健康状况制订适宜的锻炼计划。这种个性化的训练安排有利于预防过度训练，确保体育教育和锻炼达到最佳效果。终身体育理念不仅引导个人保持持续的体育活动，还促使他们根据自身的变化和需求调整锻炼方法。这种适应性锻练方法旨在使个人在生命的不同阶段都能享受到体育活动的益处，并通过这一过程推动社会对健康生活方式的认知和实践。总体而言，终身体育理念不单单关注体育锻炼的连续性，还强调按照个人成长阶段恰当地规划体育活动，旨在培育积极且健康的生活态度和习惯。通过这一理念，个体得以根据自身的特殊需要和健康状况，选择最适合自己的体育锻炼方式，从而在不同的生命阶段都能体验到体育活动带来的积极影响。

在体育教学实施方面，应当优先考虑学生健康水平的提高，同时增强他们的运动技能和身体素质，保证学生健康成长。教师需要更新教学理念，加强对健康的重视，并引导学生养成积极的体育习惯，同时注重运动安全。在高校体育教学过程中，应注重对学生体能的培养，关心学生的身心健康，并确保学生拥有持续进步的能力。这种做法能够充分挖掘学生的潜力，提升他们的参与意识，并赋予学生更多的自主选择权，使学生的体育锻炼由被动变为主动，为终身体育学习打下坚实的基础。

体育锻炼在高校教育中扮演着重要角色，体育锻炼的进行不应局限于体育课堂。为了培养学生的终身体育锻炼习惯，教育者需要设计一套将体育锻炼融入学生日常生活的方案。例如，除了规定的体育课程，学校还应提供多样化的课外体育活动，如成立体育社团和俱乐部，以提高学生对体育的兴趣和参与度。通过这些活动，学生不仅可以提高体能，还可以增进社交技巧，建立广泛的社交网络。此外，高校应根据学生的体育认知水平、身体状况和当前体育课程的实施情况，制定出更适合的体育教学策略，以支持体育课程的长期发展。在这种综合的体育教育模式下，学生被鼓励将体育锻炼融入日常生活，不仅在校园内，还在校外活动中保持锻炼的习惯。这种方法有助于帮助学生树立终身体育的理念，使其认识到体育锻炼的长期价值。高校在推广终身体育理念的过程中，应不断地审视和改进体育教学方法，致力于解决体育教育中遇到的复杂问题。通过这些努力，终身体育理念将得到深化和完善，其在学生生活中的价值也将得到充分体现。总之，高校体育教育质量的保证不仅取决于课堂教学，还依赖学生对体育活动的认识和参与，以及学校对体育课程的整体规划和实施。

（三）树立"健康第一"的教育理念

"健康第一"的教育理念彰显了"健康"的重要性，青少年正处于身心健康和身体素质发展的关键时期，他们的健康问题将直接影响以后的生长发育水平。同时，大学生作为国家和民族未来发展的脊梁，他们的身心健康自然是不容忽视的问题。体育教师应积极贯彻"健康第一"的教育理念，体育教师的职责之一就是教书育人，全面关心学生的身心健康。"健康第一"的教育理念是学校体育教育重要意义的体现，在学校的教育体系中，体育课程扮演着极其重要的角色。体育课程的主要目标是促进学生健康成长，增强学生的体质。此外，体育课程还致力于提高学生的整体健康状况。通过与其他教育方式的相互配合，体育课程也能够助力学生道德观的塑造、思维能力的提升以及坚定意志的培养。这一过程不仅对学生的个人发展有着积极影响，还有助于学生成为德智体美劳全面发展的社会主义事业的建设者和守护者。

体育锻炼对学生身心健康的积极作用如下：

第一，体育锻炼对学生身体健康有着积极的促进作用。体育锻炼可以改善身体形态与身体成分，增强身体素质。

第二，体育锻炼对学生心理健康有着积极的促进作用。体育锻炼通过心境状态、主观幸福感、身体自我效能、心理坚韧性、同学人际关系的获得性满足对青年学生心理健康素质产生间接正向影响。

第三，体育锻炼对学生社会适应能力有着积极的促进作用。学生时期作为个体从半幼稚、半成熟逐步走向成熟的关键时期，同时也是世界观、人生观和价值观形成的关键时期，该阶段学生的社会适应性的强弱就显得尤为重要。

二、教学内容的重组、优化是体育教学创新的载体

通过对当前高校体育教学的状况进行分析，我们观察到众多高校在体育教育内容上进行了更新与改良。这些更新不仅带来了教学方式的多样化，也为一些院校在体育教学改革方面带来突破。例如，有的高校实行了创新的"三自主"教学模式，让学生自行选择运动项目、上课时间及授课教师，此举大幅提升了学生的参与度和对体育学习的兴趣。不少高校还引入新的体育项目，这些新加入的项目赢得了学生的广泛喜爱。

从以上分析可以看出，在以素质教育为导向的现代体育教育背景下，应当更新和改变传统的教材内容，建立符合现代体育教育理念的教材体系，选择更加符合学生身心发展需要、内容更丰富且具有特色的教学内容。通过不断地重组、优化教学内容体系，可以更有效地培养学生的创新思维和终身体育意识。

在高校体育教学中，内容的选择既要考虑实践技能的培养，也要重视理论知识的传授，以达到全面提高学生身体素质和增强学生健康意识的目的。教师应以学生的兴趣为导向，制订符合学生需求和发展的教学计划，培养学生终身参与体育活动的习惯和意识。在理论教学方面，不仅要注重身心健康知识和保健知识的讲授，还应教授科学的身体锻炼方法，如运动处方的制定等。在实践教学方面，应结合学生的实际情况和能力水平，精选适宜的运动项目，如田径（短跑、中长跑）、球类运动（篮球、羽毛球、排球、足球）及健美操基础练习等。同时，根据具体条件，可选择八段锦、二十四式简化太极拳等项目，以增强体质、调节身心健康。此外，高校体育教学还应注重民族体育文化的传承与发展。高校通过在体育教学中融入各类民族体育项目，如象棋比赛、民间毽球比赛、朝鲜族秋千比

赛等，不仅可以丰富教学内容，激发学生对体育的兴趣，还有助于拓宽学生的视野，增进学生对中国传统民族文化的认识和理解。这样的教学安排，不仅有助于学生的身体健康，还能在陶冶情操、完善人格和道德修养方面发挥重要作用。通过参与这些多样化的体育活动，学生不仅能增强体质，还能深入了解和体验中国丰富的民族文化，理解和尊重文化多样性。这种教学安排不仅符合现代教育理念，而且能够激发学生的学习兴趣，提高他们的身心健康水平，为他们未来的发展奠定坚实的基础。

三、教学方法的合理使用是体育教学创新的有力手段

（一）影响高校体育教学方法创新的主要原因

1. 学生自身的原因

学生的个性特质和态度对于推动体育教学创新具有极为重要的影响。这不仅体现在他们是否积极参与体育活动上，更重要的是反映在他们对不同体育项目的兴趣和热情上。例如，当学生对特定的体育运动充满热情时，他们往往会投入更多的精力和创造力去探索和改进运动技巧，这对于推动体育教学方法的创新和发展至关重要。学生的想象力和创造性思维是体育教学创新的宝贵资源，教师可以通过多样化的教学方法来激发和利用这些资源。此外，学生的内在动机，如好奇心和探索欲，也是推动体育教学创新的关键因素之一。教师在实施体育教学时，应该充分理解和支持每个学生的个性化需求和兴趣，这样才能更有效地促进体育教学方法的创新和教学效果的提高。通过这种方式，体育教学可以更加生动、有趣，并且能够更好地满足学生的个性化发展需求。

2. 教师素质的原因

教师的专业素质和教学方法直接影响体育教学创新的效果。一个优秀的教师，不仅需要具备深厚的体育知识，还需要能够灵活地运用各种教学方法激发学生的兴趣和创造力。教师在教学过程中扮演着指导者和激励者的角色，他们需要不断地更新教学策略，以适应学生的不同学习风格和需求。例如，通过引入新的体育项目、组织创意竞赛，或是采用互动和合作学习的教学方法，可以有效激发学生的积极性和创新思维。此外，教师还需要具备良好的沟通能力和心理洞察力，以

便更好地理解学生的需求和潜能。在现代教育环境中，教师应致力于创造一个具备支持性和鼓励性的学习氛围，这有助于学生在体育活动中自由表达自己，从而培养学生的创新能力和团队协作精神。总之，教师的高素质和对教学的创新是激发学生潜力、促进体育教学创新的关键。

（二）创新高校体育教学方法的对策探讨

1. 积极培养学生的创新意识

积极培养学生的创新意识，是高校体育教学方法创新的核心。要实现这一目标，首先，要在思想上进行创新，重塑体育教学的观念。这意味着，要坚持娱乐体育和健身体育的结合，不仅要展现新思维，还要响应当前高校体育教学的核心需求。其次，教学内容的创新同样关键。教师需要根据学生的实际需求，精心挑选既能促进学生全面发展又深受欢迎的体育项目。这样的做法能够丰富教学形式。最后，在教学方法上进行创新。教师可以采用启发式教学方法，根据学生的兴趣和需求进行引导，激发学生的主动性和积极性。可以采用发现式教学方法，培养学生在体育活动中发现问题、分析问题的能力。此外，学导式教学方法也非常有效，它能促进学生主动学习，培养学生的自觉性和主动性，不仅有助于学生形成良好的自我锻炼习惯，还能激励学生终身参与体育活动。

2. 实现学生全面健康发展

在当前的教育环境中，实现学生的全面健康发展是创新高校体育教学方法的客观要求。这要求高校体育教师不仅要满足学生的全面发展需求，而且要通过教学活动激励学生，激发学生的学习热情。为此，教师需要根据不同学生的具体情况，寻找最适合每个学生的发展路径，确保每个学生在体育课程中都能获得成长和进步。高校体育教师需要立足学生的实际情况，同时着眼于学生的未来发展，致力于为学生的全面健康发展打下坚实的基础。在选择教学方法时，教师应注重培养学生的人文素质，教会他们如何成为一个品德高尚的人。同时，教师应该教会学生如何将知识获取、审美鉴赏、身体锻炼、劳动实践和娱乐活动有效结合起来。理论知识与实际生活的有机结合、课内外教育的无缝衔接，能够促使学生在各个方面达到和谐统一，从而推动他们全面健康发展。

3. 强化教学活动的有机统一

为了提高高校体育课程的教学质量，必须强化教学活动的有机统一。在这个过程中，教师不仅要提供专业的技术指导，而且要激发学生的主动学习意愿。在单一的教学模式下，无论是完全由教师主导，还是完全依赖学生自学，都难以达到理想的教学效果。有效的体育教学不应局限于对技术和方法的传授，更重要的是要洞察学生的需求，与他们建立有效的互动。这意味着，教师在创新教学方法的同时，还需要密切关注学生的个体差异，通过双向的交流和互动，使教学内容与学生的实际情况相吻合。因此，要实现高效和创新的体育教学，需要教师与学生共同参与、互相协作，只有这样，才能确保体育教学创新效果的持续。

四、教学评价的完善是体育教学创新的保障

在教学评价方面，一些大学，如北京大学和清华大学，采取了全面和多样化的评价方法，不仅考虑学生的出勤和态度，还涵盖对学生的体质、运动技能和体育理论知识的考核。这样的评价方式使学生能够得到更加客观和全方位的评价。首先，教学评价应关注学生的整体学习过程，促进他们综合发展。其次，评价体系应包括对学生创新能力的培养。学生不仅要掌握知识，还要能够创造性地理解和应用这些知识。最后，为了更好地激发学生的创新能力，教学评价系统应该具有赏识性和激励性。教师在评价过程中应注重学生的努力和进步，而不只是学习成果。这样的评价方式可以创造一个积极和具有支持性的学习环境，从而提高学生的学习热情和创新能力。

第二节 高校体育教师的信息素养与教学创新

21世纪，科技迅猛发展，信息化成为全球的主流趋势。这一时代背景不仅为我国高校体育教学带来了前所未有的动力和机遇，也带来了新的挑战和难题。数字化、网络化以及高科技的浪潮要求体育教师在教学前沿不断提高自己的专业素质。在这个信息泛滥的时代，教师如何有效地获取、理解、分析、应用和创造信息，已成为评估现代高校体育教师能力的关键指标之一。面对这些挑战，探讨如

何提升高校体育教师的信息素养、增强教学创新、提高中国高等教育体育教学的整体水平，进而推动高校体育的全面发展，已成为当前中国教育改革的重要议题。这不仅是体育和教育领域迫切需要解决的问题，也是促进高校体育工作创新发展的关键。本书旨在深入探讨这一话题，以期推动中国高校体育教学的创新和进步。

一、信息素养和高校体育教师信息素养

（一）信息素养的含义

信息素养这一概念最初由信息产业协会的主席保罗·泽考斯基在 1974 年提出。它主要包含三个核心层面：文化素养、信息意识和信息技能。文化素养涉及人们对于文学、艺术、教育和科技等领域的理解与实践，这些领域构成了人类社会历史发展的精神财富。一个人的文化素养水平和知识深度直接影响其对信息的需求、对信息源的认识以及对信息质量的甄别能力。信息意识则指人们对信息交流活动在社会中的重要性、价值和功能的认知。这包括对信息主体获取、传播、保密、免疫和更新等方面的意识。这些方面的意识有助于人们更有效地处理信息。信息技能是指个人在社会生活和科学实践中获取、处理、传递和利用信息的技术能力。这种技能是信息素养的一个关键组成部分，不仅提高了人类的信息处理能力，还促进了开放式信息思维的形成，培养了立体思维能力，并极大地激发了创造力。总的来说，信息素养是一个多维度的概念，它涉及个人的文化、意识和技能层面，这些层面相互影响，共同构成了一个全面的信息素养框架。在这个框架中，文化素养为信息的理解提供了基础，信息意识确保了对信息的有效识别和利用，而信息技能直接关系着信息的实际应用和创新。

（二）高校体育教师的信息素养

在这个信息技术迅速发展、全球范围内科技进步日新月异的时代，高校体育教学的创新变得尤为重要。这种创新涵盖了应用科学研究的最新成果、探索新的教学方法两个层面。教学创新依托于知识和科技等智力资源，通过科学的整合和高效利用，将新知识和技术深度融入体育教学过程中，从而显著提升教学质量。这一过程涉及信息的搜集、整理、组织、应用和再创造。在当前的信息化社会中，

教育创新者需要积极获取最新信息，以不断提升和丰富自己的知识和技能，推动创新活动朝着更科学、更现代化的方向发展。信息本身是一种力量，它不仅能够提供给人们解决问题的方法，还能增进人们对世界和生活的理解，提高商业和政治决策的质量，丰富社会生活。然而，信息的分布极为广泛，且通常处于杂乱无序的状态。这要求高校体育教师在开展教学创新活动时，对信息的需求和获取方式应是有目的和有组织的，而非随机和混乱的。换言之，教师的信息素养在教学创新中扮演着关键角色。高校体育教师必须提升自己的信息处理能力，理解信息的价值，并学会如何有效地利用这些信息。为了实现这一目标，教师需要培养对信息的敏锐洞察力，学会从大量的信息中筛选出最有价值和相关性的部分。此外，他们还需要掌握将这些信息整合融入教学方法和策略中的技巧，以促进学生的学习和发展。这种对信息的高度认知和应用的能力，不仅可以提升教学的效果，还能激发学生的兴趣和参与度，使体育教学更加生动和有效。

二、高校体育教师信息素养的培养策略

在数字化时代，知识信息的获取途径经历了翻天覆地的变化。计算机网络的高速发展引领了信息量的飞速增长，为学生提供了丰富多彩的多媒体信息资源。这种变化使得学生可以根据自己的需求挑选合适的学校、教师、课程和学习方法，从而极大地提升了学习的灵活性和个性化。同时，信息技术与教学内容的结合转变了传统的师生关系。在高等教育，尤其是体育教学方面，教师的职责已经不再局限于教授篮球或足球等基础技能，而更多的是采用现代科技工具来组织课程和指导学生，为他们选择合适的教学内容，并辅导他们掌握获取体育和健康知识的有效方法。一位合格的教师应当拥有现代化的教育理念和教学观念，精通现代教学方法和工具。他们应该对信息技术和网络保持积极的态度，深入了解并适应这些工具，需要熟练地运用网络和计算机等信息技术，有效地搜集、组织、管理和应用信息资源，以达成现代化教育目标。此外，教师还应通过网络与学生的家长或监护人保持有效沟通，创建一个将现代信息技术融入其中的教学环境，并在这样的环境中培养学生的信息意识。因此，为了建立一个完善的高校体育教师信息素养培养体系，需要从外部环境构建、内部环境优化以及教师个人素养提升三个方面入手，形成全方位、一体化的培养策略。

（一）外部环境构建

为了适应教师专业能力标准化的国际趋势，设计和实施宏观层面的信息素质教育规划及教师信息技术能力的评估标准变得越来越重要。这一做法不仅在理论层面具有深远的影响，而且在实际应用中也显得极为必要。在国际范围内，已有多个国家和地区开展了旨在加强教师信息素质的培训项目和目标设定会议。例如，在美国，教育科技委员会特别强调了教师在三个方面的能力：熟练掌握计算机操作及其基础理论，有效利用计算机进行文档处理和网络通信以提升工作效率，以及运用计算机和相关技术促进教学和科研的成功。鉴于此，国家和相关部门应根据我国具体国情和高校体育教师的实际需求，制订全面的教师信息素养提升计划。此外，建议成立独立的教育信息化改革评估机构，这一机构应按照不同的教育层次和阶段，有序推进信息素质教育的实施。这不仅涉及信息技能的提升，还包括对信息政策、法规和伦理道德的教育，使受教育者能够更好地适应信息化社会的需求。与此同时，国家还应当根据信息技术的发展和社会信息环境的变化，加强对国家信息政策、法规及道德规范的普及教育。这将有助于教师深入理解信息社会对现代人的要求，提高他们的信息敏感度和判断力，从而培养出有责任感和伦理意识的信息时代教育工作者。通过这样的措施，教师将能更好地适应信息化社会的挑战，提升自己的信息道德观和专业能力。这样的改革和教育不仅对教师个人发展有益，也对提高整个教育系统的信息化水平和教育质量具有重要意义。

为了更好地适应我国信息技术教育的发展态势以及提升高校体育教师的信息素养，制定一个全国性的教师信息技术评估体系显得尤为重要。这套评估体系不仅是衡量教育发展的关键工具，还能为教师的信息技术水平提供一个明确的比较和评价标准。它明确规定了教师在信息技术领域所需具备的基本素养和能力，同时也起到了指导和规范教师实践操作的作用。这一标准不仅清晰界定了教师的信息技术素养，而且为教师信息素养的提升提供了具体的操作指南。通过实施这一标准，我们可以更准确地评估和比较教师的信息技术能力，分析他们是否满足既定的标准和要求，并了解他们实际达到的水平。这一标准有助于我们有效监控教师信息技术的应用情况，及时发现问题并加以解决。这对于国家层面的教育政策调整和决策制定具有重要意义，同时也能够为教育研究和实际操作提供指导方向。在制定我国高校体育教师信息素养培养标准时，应当充分考虑以下四个关键因素：

1. 内容的全面性和系统性

信息素养标准在教师培训的质量保证和规范化方面起着至关重要的作用，同时也为教师培训结束后的评估和认证过程提供了一个重要的参考点。这些标准的设计需全面而系统，涵盖教师在信息素养方面的各项要求，如高校体育教师所需的信息知识、意识、技能及其在教学活动中的实际应用。鉴于教师既要教学又要育人，标准的制定不应仅限于关注教师如何融合信息技术于教学过程中，还应包括在信息化环境下如何引导学生发展健康的心理状态和完善的人格。尽管在多个方面对教师的基本要求是相似的，但对所有教师应用统一的标准是不合适的。例如，小学、中学和高校的体育教师在制定标准时，应考虑到在教学内容和对象上的差异，这些差异导致他们在信息技术和技能的应用上也存在差异。因此，根据不同教育阶段和教学对象的特性，制定针对性的信息素养标准显得尤为重要。这样的区别化标准不仅能够更加准确地反映各个教育层次的具体需要，还能促进教师在各自领域的专业成长和技能提升。

2. 标准的层次性

为了更好地满足社会对教师多方面能力的需求，在制定教师信息素养的标准时，必须考虑到教师在各自的学科领域和教学层次上的实际需求和能力。这就要求制定的标准要有所差异，从而匹配不同学科和层次的教师的独特需求。举例来说，高校体育教师不但需要达到普遍适用于所有教师的信息素养标准，而且也需要精通贴合体育学科特点的信息技术。除此之外，他们还需要掌握专用于体育科学研究的高级信息技术和专业技能，这样才能更有效地适应他们所在的专业领域的具体要求。

3. 实施的公开性和可行性

在构建信息素养标准和评价体系的过程中，我们应当注重实现其广泛的适用性与特定的差异化需求。这就意味着，这些标准既要体现普遍接收的信息教育理念，也要为不同地区和背景的教师提供必要的灵活性，以便他们根据自己独特的环境和需求调整标准的应用。这样的标准不仅是理想目标，还是通过实际努力能够达成的目标，旨在激励评价过程中各类人员的积极参与。在评价实施时，我们应该追求质与量的平衡，并致力于保证流程的简洁性和易操作性，同时确保评价指标具有可观测性和可测量性，以便评价者能够做出精准的评估。

4. 学科的实践性

就学科的实践性而言，信息技术是一门强调实践的应用型学科，其核心在于通过实践活动加强教师的信息素养。这些实践活动不仅是提升教师操作技能的关键，也构成了理论与实践相结合的重要途径。因此，在制定信息素养标准时，应当着重考虑理论知识与实际操作相结合，帮助教师利用信息技术提高教学效果，促进学生学习的发展和教师自身职业素养的提升。对于高校体育教师而言，更应关注如何利用信息技术教授学生科学的体育锻炼方法，以及如何培养学生终身参与体育锻炼的习惯。这不仅加强了技术与体育的融合，也增强了教师适应信息时代的能力。

（二）内部环境优化

信息素养是一种通过教育和学习逐步培养的能力。教师信息素养的提升并非是一蹴而就的过程，它需要有明确的计划、分阶段的实施、持续的努力以及一贯的方法论。在此背景下，国家教育体系已经制订相应的培训计划。针对不同高校的实际情况，应考虑到每所学校和各个学科教师的特定需求，制定定制化的培训目标和策略。此外，高校内部信息环境的建设对于培养和提升教师的信息素养至关重要。

1. 充实先进的教学理论

在现代社会，信息技术的迅猛发展不止改变了我们的日常生活，还在教育界产生了深远的影响。尤其是计算机和互联网通信技术，作为技术发展背景的关键要素，极大地促进了建构主义教学理论的兴起与推广。该理论在当代教育体系中扮演着核心角色，以其创新性的观点和方法推动着教育模式的转型。建构主义的教学理念的核心在于以学生为中心，鼓励学生在学习过程中主动探索和构建知识。这种教学方式引发了教学观念的彻底改变。在此模式下，学生不再是被动的知识接受者，而是知识构建的重要参与者。教师的角色也随之发生转变，从单纯的知识传递者转变为指导和促进学生完成知识建构的伙伴。此外，教材和教学媒介也得到重新定位，它们不再只是教学的辅助工具，也成为学生构建知识的重要平台。对教师而言，特别是高校体育教师，建构主义理论的发展带来了新的挑战和需求。将这一理论应用于多媒体和网络教学，能提升学生的认知能力和分析解决问题的能力。这种教学理论不仅提升了学生的参与度，还鼓励学生运用批判性和创造性思维。在这一模式下，教师更多地扮演着引导者和协作者的角色，而非单一的信息传播者。通过互动、探索和讨论，学生能够更深入地掌握和应用所学知识。此外，现代信息技术为建构主义教育提供了坚实的技术支持。网络和多媒体技术的应用，不仅拓展了教学资源，还突破了学习的时空限制，使学习活动更加灵活和广泛。学生可以利用网络资源进行自主学习，从而更有效地构建个性化和多样化的学习体验。

在当今信息密集的社会中，学生通过各类媒介接触到大量信息，网络成为他们获取知识的重要渠道。这一趋势预示着一个"学生中心"的新时代的来临。在这样的教学环境中，互联网丰富的信息资源淡化了教师的教学职责，促进了一种以资源为基础的学习方式的兴起。这种学习方式强调学生在教师的启发和指导下，利用多样的资源，通过探索和解决问题达成学习目标，进而培养学生自主学习的能力。高校体育教师应该适应这种新型学习方式，转变教学观念，从"教师中心"转向"学生中心"，采用"学教并重"的教学模式。在这种新的教学模式下，教师的角色从传统的知识传递者转变为教授学习方法和技巧的引导者，帮助学生学会如何学习。体育教师在此过程中应成为促进学生全面发展的教育者、学习的引导者和合作者，以及体育与健康课程的开发者和设计师，"以学生为中心"的理念应深植于每位体育教师的教学理念之中。

2. 完善网络化教学环境

为了提升教师的信息素养，我们需要全面提升他们的教育理念、教学方法及实际操作技能。这不仅包括对教育理论的革新，也包括对教师技能的实际培养。为了实现这一目标，学校各层级部门应当构建并完善信息化教学的基础设施，从而让教师能够更广泛地利用现代信息技术和资源。基础设施的发展，既是提升教师信息素养的关键，也是整个教育体系现代化的基本要素。尤其对于高校来说，当务之急是要配备起码的信息技术设施，并不断地加强和更新这些设备。体育教师常常在户外授课，这为信息化教学方式带来了特殊挑战。因此，我们应当特别注意设备和资源的配置，并强化学校体育部门的信息技术建设。具体的做法包括：设立 CAI 课件制作室、多媒体教室，为体育课程配备专用教学光盘、磁带以及电子音像资料，并且建立有效的信息网络。这些措施将为高校体育教师的教学活动提供有力的物质支持。与此同时，体育教师也应该与其他学科的教师以及专家进行跨学科合作，并通过这种方式进一步提升自己的信息技能。

3. 建立激励与考核机制

为了适应未来教育的需求，教师的信息素养成为一项关键素质。信息素养的提升不仅是教师群体的迫切需求，也是他们职业责任的一部分。在这种情况下，制定清晰的标准显得尤为重要，必须建立一个标准化的框架，用以评估教师的信息素养。只有通过持续的考核和评价，这些标准才能避免形式主义，真正实现提升教师信息素养的目标。同时，学校需要建立一套全面的激励和考核系统，旨在激发教师应用信息技术的积极性。这套系统应涵盖成果激励和考核评价两个关键方面。对于那些有效利用信息技术、在教学实践中取得良好成绩的教师，学校应当提供物质上的奖励，以提升他们的成就感。这种激励方式能产生积极的连锁反应，促进良性发展循环的形成。另外，应将教师的信息素养与教师资格认证体系相结合，并将其作为获得资格证书的一个必要条件。这一做法能有效地推动教师信息素质的持续提升，从而在制度层面确保标准得到有效执行。

4. 发挥图书馆和网络中心的作用

随着社会环境的不断演变，图书馆的功能和定位也经历了显著的变化。图书馆不再仅是为学生和教师提供图书与信息资源的场所，而是变成一个以"创新"和"发展"为核心的多功能信息中心。这种转变意味着当今的图书馆更注重提供全面、系统、高效的资源共享服务，并侧重于教授学生和教师如何高效、便捷地获取这些资源。在此背景下，图书馆承担了更多的任务，如对大学生和教师进行信息素质教育，不仅包括培养学生的信息获取能力，也强调教师的创新能力和自主学习能力的提升。图书馆直接参与教育信息化的改革，通过增设各种服务，如信息资源概览、印刷型与计算机信息资源的检索与利用、网络信息检索、信息资源共享及知识产权保护等，提高文献检索的质量和整个校园的教学信息化水平。此外，图书馆还能积极探索新的教育活动，如定期或不定期举办网络信息资源检索的讲座，通过网络平台进行非正式的信息交流和在线培训。这些活动不局限于信息科学领域，还融入各学科教师的专业课程教学和科研过程中，使信息能力培养成为一种跨学科的、全方位的教育体验。

（三）教师个人素养提升

在这个信息爆炸的时代，提升高校体育教师的信息获取能力显得尤为重要。为了实现这一目标，不仅需要优化教育环境，更关键的是要对体育教师进行系统性培训。

1. 职前培养为未来的体育教师做好准备

全面、系统地提升高校体育教师的信息素养，关键在于从体育教师的预备阶段就开始培养那些有志于此职业的学生。首先，体育师范教育的课程体系和教学内容需要进行革新。其次，必须更新体育教学模式，改进教学手段和方法。在整个教育体系中，教学占据着中心位置，课程则是教学的核心。而信息素养教育代表了一种全新的教育模式，其成功实施依赖于课程改革的支持。在课程体系改革方面，建议从以下方面入手：一是改变传统教材在内容安排上的绝对系统性和完整性，以减少学生的死记硬背现象。例如，在讲授人体肌肉运用时，教材可以省略某些详细说明，鼓励学生通过实际运动来体验和理解，或者自行寻找相关资料，从而加深学生的理解和记忆，使学生在实践中更好地运用所学知识。二是增加信息知识相关课程。信息教育的普及需要以开设信息科学课程为主要途径。美国的一项调查表明，"在 39 个州的 71 个非图书馆学情报学专业中，开设了 22 组名目不一的图书馆学情报学课程"[①]。因此，调整课程结构、增加信息学科课程是高校实现信息素养教育的关键途径。此外，还应加强信息理论、信息资源知识、信息方法和信息技能的科目教学，增加教育学和心理学知识课程的比重，丰富教学内容。要重点教授那些对现代化和未来体育教育发展具有基础性意义的新知识，如体育多媒体教学技术、体育教学软件制作等新领域的知识和技能。这些新知识和技能将有助于体育师范生更好地适应未来体育教育的变革，并为未来的体育教师工作做好准备。

作为一种创新的教学模式，资源型学习模式适应了教育界的多重挑战，如不断膨胀的教学内容、紧迫的时间和学生面对大量学习资料的压力。与传统的教育方法相比，这种基于网络的学习模式具有三个显著的优点：首先，它把学生置于学习的核心位置。这种模式强调学生的主动参与和积极探索，认为学生只有通过

---

① 金华宝. 高等师范院校信息素养教育的研究 [D]. 重庆：西南师范大学，2002.

主动学习、深入讨论和实际研究，才能有效完成教师布置的学习任务，从而确立在学习中的主体地位。其次，这种学习方式能有效促进学生创新思维的发展。通过教育资源网，教师能构建丰富多彩的学习情境，进而激发学生的想象力和联想能力。学生被鼓励将新的知识与已有经验结合，进行创新性思考。在这种环境下，学生的思维得到充分发挥，为培养创新能力奠定了基础。最后，资源型学习有利于学生的个性化发展。这种模式允许学生根据自己的情况自主选择学习的节奏、方法和方式。这种灵活性不仅使每个学生都能根据自己的学习风格来学习，还有助于学生发掘和展示自己的个性和特长。总而言之，资源型学习不仅解决了教学内容与时间的矛盾，还通过强调学生的主动性、创新性和个性化，为现代教育带来了一种全新的、具有深远影响的学习模式。

在体育教学领域，资源型学习模式运用的关键在于激发体育师范生掌握和运用多样的体育资源的热情。该模式让学生能够在与多种体育学习资源的互动中深入学习，在研究过程中提高自己的信息收集、分析、整合和总结的技巧，进而使信息解析和问题处理能力得到显著提升。此外，体育教师作为教学活动的推动者和辅导者，通过整合信息技术与体育课程内容，能够帮助学生培育处理信息的能力。将信息技术融入体育教学，不仅能作为教学手段，还能提高学生利用和应用信息技术的综合技能。综上所述，资源型学习不仅提升了体育师范生的信息处理能力，也增强了他们运用信息技术的综合技能。

2. 在职培训

在职培训是提升所有教师的信息素养的重要渠道。这种培训需要考虑到教师各自的独特情况，并设计出多层次的培训方案。对于那些信息技能较弱或基础知识较差的教师，应首先实施适应性培训，旨在普及基本的信息素养技能；而对于已经具备基本信息技能或有一定基础的教师，则需要提供更深入的发展性培训，以进一步提高他们的信息素养水平。

（1）强化体育教师的体育教育信息化意识

为了顺应信息革命和不断变化的信息潮流，体育教育必须与时俱进，通过转型成为更加信息化的学科来适应当前的形势。在转型过程中，体育教师极其关键，他们对信息化的理解和相关的技能水平将直接影响体育教育信息化的发展。高校体育教师作为引领者，尤其应当加强自我更新，改变传统观念，以适应当前的新趋势。在这种形势下，政府和相关机构应根据中国教育信息化的总体战略规划来行动，考虑体育教育的独特性，应全面而深入地落实相关的体育教育信息化政策、法律和伦理道德教育。目的是确保每位高校体育教师都能深入理解信息时代对现代体育教育提出的新要求，培养他们的现代体育教育意识、理念、知识、技能和伦理观。这样，他们将成长为能够满足信息化时代要求的新型教师，从而使高校体育教育更好地适应信息社会的发展，并确保教育品质与时代同步，向学生提供与信息社会同步发展的教育内容和方法。这将有利于学生在高度信息化的世界中获得必要的技能和知识，使他们能够在未来的职业生涯中更好地适应和发展。

（2）加强信息知识与信息技术的培训

在信息技术日新月异的时代背景下，高校的体育教师迫切需要提升他们的信息化素养。目前，中国大多数在职高校体育教师正面临来自信息技术知识及其应用技能的双重挑战。为了有效应对这些挑战，是要强化教师群体的信息技术教育。在进行培训时，应根据教师的个性化需求和能力差异，精心设计信息技术的教学内容和课程。这种教学方式应遵循"因材施教，以实用为核心，重视实际效果"的指导原则。课程内容应覆盖广泛，包括介绍信息来源、检索和利用传统及电子信息、信息处理技术、信息研究和咨询、信息资源共享与知识产权保护、计算机基础及应用技术，以及现代教育技术等内容。除了常规课程，还可针对在职高校体育教师的特定需求开设专题讲座、学术报告会和学术交流活动，这也是提升教师信息技术能力的有效方式。为了全面提升教师队伍的整体素质并优化教育资源，ITAT培训网站为教师提供了全方位的信息化培训。该培训项目囊括了信息技术的众多方面，旨在全面提升教师的信息技术能力。通过这种多元化的综合培训，教师不仅可以有效掌握信息技术，还能将其应用到日常的教学活动中，从而提高教学效果和质量。这种培训方式不仅促进了教师个人的成长，也顺应了当前教育领域的发展趋势，为高校体育教师在信息化时代站稳脚跟提供了坚实的支撑。

（3）鼓励在教学与科研中应用信息技术

为了提升体育教师的信息技术应用能力，学校需要在拓展基础教育理论的同时，注重实践技能的提升。这需要学校制定具体策略，激励体育教师在日常教学和学术研究中融入信息技术。例如，在体育教学中，信息技术不应仅是辅助手段，而应深入教学的各个阶段，从而有效提升教师在技术应用上的熟练度。此外，学校可根据教学需求组织多样的信息技术主题比赛，通过竞争激发教师广泛利用信息技术进行教学的热情。在学术研究方面，体育教师需掌握最新的信息检索技能，以便快速、有效地获取专业相关资料，这对他们选定研究主题、确定方向及推动研究进展至关重要。

第三节　高校体育教学创新体系建设构想

体育教学是高校教育体系的重要组成部分。近些年来，随着"五育并举"理念的提出，体育教学受到学校和社会的高度重视，如何推动高校体育教学体系的创新发展是值得我们深入思考的问题。

一、高校体育课程思政与三全育人理念融合

（一）三全育人与课程思政的内涵及内在相融逻辑

1. 对三全育人内涵的理解

"三全育人"理念的精髓在于全员育人、全程育人以及全方位育人。在这一理念下，全员育人强调的是一种集体育人的方式，它要求教师、学生、家庭、学校和社会共同参与学生的成长和教育。这种方法形成了一个多元化的教育网络，其中每个成员都在育人过程中发挥着积极作用。在全程育人环节中，教育与学生的成长过程紧密结合，强调持续性和时空的连续性。在这一阶段，课堂活动被看作关键环节，教师的教学活动在此发挥中心作用。全方位育人旨在跨越校内外、课内外、线上线下的界限，倡导教师利用多种教育资源和教学手段，将教育融入学生生活的各个方面。总而言之，"三全育人"中的这三个维度互为支撑、互相促进，共同构成了一个全面且高效的教育系统。

2. 对课程思政内涵的领会

深入理解课程思政的深刻含义，对于推进体育课程中思政教学模式的创新具有重要意义。课程思政的核心在于融合思想政治教育与高校的日常教学，从而展现出其全面性、多元化和普遍参与性的独特优势，其在教学实践中的价值不应被轻视。综观目前我国高等教育的教学现状，可以看到高等教育体系近年来的显著

成就，体育专业的发展和学生培养成效均有所提高。因此，在当前环境下，更新体育课程中的思政教学模式显得格外关键，这不仅能够有效地提升思政教育的效果，还有助于学生在综合素养和关键能力上获得显著提升。

3. 三全育人与课程思政的相融逻辑

在体育教育领域，课程思政展现了其特有的价值观念，与全面培养学生的三全育人理念紧密结合。这种教育模式不仅促成了教学目标的有效达成，还使教师和学生都能获得丰富的收获。例如，在高校体育教学中，三全育人的思想不仅指明了体育课程的思想政治教育方向，还通过全员参与、全程覆盖、全方位发展的实践，满足了教育系统在价值观塑造、知识传播和能力提升方面的多元化需求，为教学策略的制定提供了战略性视角。此外，高校体育课程中的思政教学是实施和完善三全育人理念的关键手段。这种教学模式以课程内容为核心，发掘适合的思政教育元素，并根据学生的身心发展特点进行创新性教学，从而使三全育人的教育理念在实际教学中得到全面体现和执行。

（二）三全育人理念下体育课程思政创新模式构建要点

1. 做好三全顶层设计

实施高校体育课程的思政工作是一个持续的过程，在这个过程中，重要的是按照三全育人的原则进行顶层设计，以确保体育教育既受到宏观政策的指导，又能让思政课程的价值在体育教学中得以体现。在顶层设计方面，应考虑建立一个综合性平台，既强调思政课程，也重视课程思政。具体到思政课程，教师可以基于习近平新时代中国特色社会主义思想的内涵，重新设计体育课程内容，加入更多的思政元素。而在课程思政方面，教师需要在课程结构、教材和实施方式上努力，寻找思政和体育教育的共通点，以探索有效的对策。同时，教师可以通过将思政元素融入课堂和教材，确保思政与体育教育的有效结合，使学生在思想上接受思政理论和社会主义核心价值观，在情感上认同教育方法和体育文化。此外，在顶层设计中，应从全员、全程、全方位角度强调体育课程思政的融合性。例如，全员育人要求教师、学生、家庭、社会机构共同构建育人体系，通过沟通交流了解学生的思政动态，正确培养学生的价值观和人生观。在全程育人方面，可以基于现有体育教育规划和专业课程要求，构建一个全流程的思政教育模式，确保思政教育与体育教育始终紧密结合。在全方位育人的策略中，通过强调校园文化建设和开展各种社会实践活动，可以有效地提高育人工作的效果。这种多维度的顶层设计不仅促进了体育教育与思政教育的有机结合，还为学生的全面发展打下了坚实的基础。

2. 增加三全教育元素

为了提高教育效果，教师应考虑在体育课程中加入思政教育元素。这种融合应符合学生全面发展的需求。具体来说，教师需基于课程育人理念，将思政教育与体育教学相结合，创造一个相互补充、共同进步的教学框架。这不仅能够丰富教学内容，也满足了高校中体育教学的要求。在实际应用中，为了弥补传统体育课程在思政教育方面的不足，教师可以在进行校本体育课程设计时融入适当的思政教育元素。这些元素包括传统与当代民族体育元素，涉及运动技能和体育文化的发展。应当让学生深入理解并欣赏民族体育文化，同时在教学中结合学校体育教育的优势。这种方式不仅传播了体育文化，也增强了学生对传统体育文化的认同，促进了民族体育精神的传承。同时，教师应结合学生需求，整合国内外优秀体育资源，通过比较学习和系统训练，突出文化价值观和个人修养，促进学生的专业素质发展。这种方法既丰富了体育课程内容，也为思政教育提供了创新路径，有助于培养学生的全面素质。

3. 构建三全育人网络平台

课程思政作为重要的育人系统，其特色在于综合性、动态性和开放性，这与三全育人理念不谋而合。为了达到更好的教育效果，这套系统依赖高效的协同联动机制。利用网络化课程，课程思政可以在三全育人的过程中持续发挥关键作用，打破传统教育在时间和空间上的限制，从而确保教学的精准和高效。因此，教师应当结合体育内容，创建一个以课程思政为中心的网络平台，以此培养学生的体育精神和思政素养。例如，教师可以应用现代信息技术，在在线教学平台（如慕课、云课堂）中进行体育思政教学，分享与思想教育相关的竞赛案例，解读比赛中的规则，支持学生的认知成长。同时，教师还能建立一个共享思政资源的网络平台，采纳全员参与的三全育人理念，让学校、家庭和社会共同为资源共享作出贡献，从而使学生从中受益。教师还需要注意线上与线下教学方式的融合，在建立了一个资源丰富、种类多样的交互网络平台之后，教师可在线下体育教学中让学生参与实际操作，同时领悟多种思政教育精神。这种方法能够解决仅依赖线下模式在思政教育中可能出现的活力不足和不够全面的问题。

4.创新体育课程思政教学方法

为了有效地提高学生的思政教育水平，教师应该创新教学方法，采用内容丰富且易于学生理解的策略，确保每个学生都能得到全面、深入的思政教育。笔者认为，体育游戏课程中的多种策略尤其值得采用。在多样的体育游戏中，存在丰富的思政元素，教师可以通过挖掘和整合这些元素，将它们转化为学生易于接受的课程内容，使之成为宝贵的思政教育资源。具体来说，融入思政元素的体育游戏有明确的内容和目标。例如，在球类游戏教学中，目标不仅是提高专项技能，还包括体验团队协作、感受团队力量、认识集体的重要性，通过将思政元素融入游戏中，使原本单调的技术训练更加生动有趣；在民族传统体育游戏的教学中，目标是传承和发展民族体育文化，通过引入民族传统体育项目，进行项目的开发和创新，从而融入思政教育；在体能游戏的设计中，主要目标是培养健康至上的理念和实事求是的精神，根据教育部门的要求安排体能训练项目，将思政元素巧妙地结合进去；在室内游戏的设计中，教学目标是因地制宜地融合体育与思政教育，通过使学生参与适合室内环境的体育游戏，并接受教师的指导来达到这一目标。

在实行以体育游戏为主题的教学课程时，教师的主要目标应是融合思政教育元素，同时培育学生的思政理念。这要求学生从课程开始到结束都要全情投入，并进行深入思考。例如，教师可指派值日生负责上课前的各项准备，如搜集资料、规划课程以及准备场地和器材，同时还应指派其他人负责记录这些准备过程，以保证课堂活动的顺利进行。课堂活动开始后，教师应注重培养学生的主动性和热情。在进行队形调整或小组间竞赛时，应鼓励学生集体探讨最有效的策略，找到合适的位置并完成任务。通过这些活动，学生的主动参与感和责任感将增强，从而促进思政教育的内涵发展，实现全面教育的目标。为了提高体育游戏教学的成效，教师需要对教学过程进行全面的评估，并将评价与创新教育相结合。一般来说，体育课程的评估包括考勤、日常表现和书面测试等，教师应以此为依据，全方位评估教学过程和成果，特别强调思政教育的成效。在团队活动中，学生由于分组合作，会相互观察、学习，这激发了他们的竞争精神和进取心。在评估时，教师应关注这一互动，并细致观察学生的表现。此外，书面测试不仅检验学生在体育游戏中的创新思维，也考查他们对体育知识和思政理念的理解及应用，因此这一部分同样重要。通过这种方式，教师能够确保体育游戏教育不仅提升学生的体育能力，还能深化学生的思政教育理解，从而达到综合教育的目的。

二、高校体育教学与新媒体融合

（一）新媒体在高校体育教学中的应用价值

1.有助于实现"以生为本"的探究式教学

"以生为本"是教育领域一个重要的教育理念，此理念的核心在于将学生的需求和发展置于教学活动的最前沿，推崇师生间的积极互动与合作，以实现共同的成长和教学环境的和谐。在这一背景下，探究式教学变得至关重要，它致力于引导教师转向更为动态和互动的教学模式。这种变革在体育教学中表现尤其突出，其中新媒体技术的引入极大地拓宽了教学方法的范围。新媒体技术，如实际场景模拟技术的应用，不仅使教学更直观、更有趣，还打破了传统的视觉学习限制。又如，视频展示技术能够从多个角度呈现运动技巧，强调关键点，从而帮助学生更全面、更深入地理解和掌握技巧。因此，在高校体育中融合新媒体技术不仅能活跃课堂氛围，也能激发学生的积极性和创新思维，进一步促进他们的自主学习和独立思考能力。

2.有助于实现对学生的分层教学指导

利用新媒体技术对体育教学进行改革和创新，有助于实现对学生的分层教学指导。在大学生群体中，个体间存在显著的差异，这些差异主要表现在体力水平、运动技能、学习能力和运动偏好等多个维度上。当教师采用传统的教学方法时，往往难以满足所有学生的需求，因此难以达到最佳的教学成效。而新媒体技术的引入，不仅为教学提供了更丰富多彩的手段，更重要的是，它允许教师根据每个学生的具体情况和需要提供更加精准的指导。新媒体技术呈现出丰富的特点，如内容多样化、效率高、平台化操作等，这些特点有助于打破传统教学模式中的时空限制。利用新媒体工具，教师可以为学生提供更加个性化的教学指导，确保每个学生都能在现有基础上获得明显的提升。分层教学指导方法不仅极大地增强了学生的学习体验，而且促进了他们在体育学习和实践方面的全面成长。

3. 有助于拓展体育课堂的广度与深度

在当代高等教育领域，将新媒体技术融入体育课程已逐渐成为一种有效的教学策略。这一做法不仅可以更加生动直观地展现体育运动的技巧、基础理念、战术布局以及训练流程，还为教师提供了创新性的途径来解决教学过程中的难题。例如，教师能够利用各种移动应用程序，为学生提供课前预习资料，包括但不限于教学幻灯片、学习手册、案例视频分析以及相关理论文献等。这些多媒体内容通过对图像、文字、音频和视频的集中展示，不仅能够唤起学生的好奇心和学习兴趣，还能鼓励学生积极进行思考，对自身运动技能进行反思。这种创新的教学方式有助于学生建立更加坚实和全面的知识结构，并加深他们对课程内容的理解。事实上，新媒体技术在体育教学领域的运用不仅丰富了课程素材，还拓宽了教学的范围和深度，进而实现了教学效果的最大化。

4. 有助于实现对学生的过程性评价

为了有效提高评价的效果，教师必须采用更全面的考核标准。这意味着，将学生的期末成绩与其在日常生活中的表现相结合，同时调整这些因素在总评中的权重和结构。教师应当具体化评价标准，以便更准确地反映学生的能力和表现。借助新媒体技术的优势，教师可以利用智能教学平台进行教学活动。通过分析学生在平台上的各种互动数据，如答题、提交作业、在线讨论、课堂测试、预习成果、课堂参与度和签到记录等，教师能够设定一个更加科学合理的评分体系。这种评价方法的多样化不仅使得评价过程更加客观和全面，而且能够更准确地衡量学生的整体学习表现，从而提高体育教学评价的整体质量。通过这样的改进，可以确保学生的学习过程和成果得到更加公正和全面的评价，从而使他们更积极地参与体育课程，促进其身心健康发展。

（二）高校体育教学与新媒体融合的创新策略

1. 革新教育理念，注重体育教学与新媒体融合

在融合新媒体技术与教学方法时，教师的重点应放在激发学生的积极性和主动性上。为此，教师可以借助新媒体平台丰富体育教学内容。比如，通过播放经典体育赛事让学生深刻感受运动员的奋斗精神，从而点燃他们对体育活动的热情。

另外，教师应当考虑到学生间的差异性，采取适应各种学习需求的教学方式，提高教学效果。这就要求教师深入了解学生的性格特点和兴趣所在。在此方面，互联网上的各类专业测试工具能够帮助教师更全面地认识每个学生，进而帮助其制定出更加个性化的教学方案。

同时，将复杂的体育动作通过视频教学方式呈现，能够使课堂更加生动有趣且直观，从而激发学生的学习兴趣。此外，运用现代化教学工具，如身体素质监测设备，不仅能够帮助学生更清晰地认识自身的进步，还能有效增强他们的学习动力。再如，利用各类跟踪器记录学生的身体数据，能够让他们直观感受到自我提升的过程，对于激励学生具有重要意义。通过实施这些策略，教师不但能够增强体育课程的吸引力，还能有效促进学生的全面和个性化发展。

2. 运用微课资源，合理创新体育教学方式

自"互联网+"理念诞生以来，微课资源在教育界迅速获得普遍认可，成为一种创新和现代化的教学资源形式。这类资源不仅提供了高度专注和即时的反馈机制，而且教学周期短暂且效率极高、传播速度快、所需空间较少。通常，这些资源具有突出和明确的主题，其在教育上的价值已经获得许多教师的广泛赞誉。在高校体育教学中，教师可通过运用新媒体技术，抓住时代发展的机遇，使用微课资源来丰富课堂内容，活跃学习氛围。传统的体育课程往往依靠教师口头讲授和示范来传授体育知识和技能。现在，教师可以利用新媒体技术的优势，通过微课的形式展示各类运动技巧，一方面，让运动动作的演示更加精准和细致，使学生能直观地捕捉每个动作的精髓；另一方面，学生可以在课后下载这些微课，通过重复练习，有效掌握各项运动技能。

3. 借助先进技术，不断优化体育课堂训练形式

在传统的高校体育教学中，教师通常采用两种方式进行训练：一种是让学生独立练习，如不断重复特定动作以达到规范掌握；另一种是通过分组竞赛的方式进行。这些传统方法虽然在一定程度上有助于技能的学习，但它们在促进学生技术掌握和运动能力提升方面存在局限性。新媒体技术的应用为改善这种情况提供了新的可能。利用先进的技术，教师可以创造出一个智能化的学习环境，更好地满足学生的个性化需求。例如，在羽毛球教学中，教师可以利用网络资源收集著名羽毛球运动员的详细信息（体重、身高、力量等），并将这些数据综合分析后

输入到一个决策树中，从而创造出一个虚拟的人工智能羽毛球运动员。这个 AI 运动员能够模仿真实羽毛球选手的挥拍动作和步伐，展示高级羽毛球技巧。

此外，利用虚拟现实技术，教师可以设计出各种逼真的训练场景，使学生能够在模拟的比赛环境中进行实战练习。学生在这种环境中不仅可以学习技术动作，还能够增强策略意识和心理素质。在训练过程中，学生可以与虚拟运动员进行对练，这种互动式的 AI 训练不仅激发了学生的主动性，而且在提高学生的羽毛球技能方面起到关键作用。同时，这种训练方式帮助学生明白了自己与专业运动员之间的差距，从而激励他们更加专注和努力地进行练习。借助大数据和智能分析工具，教师还能够实时追踪和评估学生，为每个学生提供个性化的训练建议和反馈。总的来说，新媒体技术的应用不仅提高了体育教学的效果，还为学生带来了更加生动、互动和个性化的学习体验。

4. 巧用移动终端，提高学生体育学习的效率与质量

首先，教师正在积极借助移动设备评价学生，并通过这些设备发布成绩。具体到体育科目，评价主要涉及理论知识和实际运动技能两个方面。利用先进的新媒体技术，教师可以通过电子设备对学生的体育理论知识进行测评。这种方式不仅节省资源、更加便捷高效，而且符合国家倡导的资源节约和无纸化办公理念。此外，通过微信公众号等平台发布体育测试成绩，学生可以迅速了解自己的考试情况和课程信息。

其次，随着体育教育改革的不断深化，教师也开始利用移动设备指导学生使用新型运动器材。为了帮助学生更好地进行日常训练并培养锻炼习惯，教师在器材上设置了扫码功能。学生扫描器材上的二维码，便可详细了解使用说明，并通过数据了解自己的运动时间、身体状况等信息。这样的数据驱动训练，旨在帮助学生制订更实用、个性化的训练计划，从而提高训练效果。

再次，教师也在通过云技术推广热门体育新闻。通过学校的官方微博、微信公众号和网站，他们发布体育赛事信息，邀请学生参与或在线观看赛事视频，从而营造积极的体育文化氛围。

最后，在体育教学和竞赛中，表现突出的学生将获得更多的宣传支持。这种做法不仅可以激励学生，而且有助于持续提升学生的体育技能，确保教学和训练效果达到预期。

三、高校体育教学与数字化技术融合

数字化转型在信息技术时代已成为人类文明的新里程碑和领先趋势。这一变革主要由科技的飞速发展推动，使得数字化技术成为全球各行各业改革的核心力量。尤其在教育领域，虚拟现实等数字化技术的引进，丰富了学习内容，有效激发了学生的热情和创新思维。同时，网络学习平台的出现让教育模式更加开放和灵活，使学生可以根据自己的兴趣和时间安排进行学习。教育旨在全面提升学生的素质和能力，而体育教育作为高等教育的关键组成部分，同样需要借助数字化工具来促进教学模式的创新和进步。在体育教学中，引入数字化技术意味着利用各种信息化资源传授体育知识，从而使教学过程更加智能化和标准化。这些资源不仅包括电脑、智能手机和投影仪等硬件设备，也包括教学管理软件、课程监控应用程序和多媒体网络资料等软件资源。

然而，随着数字化体育教学的兴起，利用丰富的信息技术资源，将传统的、单一维度的书本知识转换成更加生动、多样和易于理解的视频及音频材料，这种新兴教学方法正受到广泛的欢迎，其效果也日益显著。在此过程中，教师能够依靠网络工具创建数字化的管理系统，从而有效地跟踪和监控课程进展以及学生的学习成效。这种将数字技术与体育教学相结合的方式，不仅开拓了提高教学质量和学生学习体验的新途径，还赋予了学生更大的自主性去探索课程中的核心内容和难点。这种方法不仅提高了教师在管理和教学方面的效能，也使学生能够更深刻地理解和掌握课程重点，进而显著提升了他们的学习效率。

（一）数字化技术在高校体育教学中的应用

1. 运用虚拟现实技术，提高体育教学的互动性和逼真度

虚拟现实技术作为一种尖端的人机交互体验方式，不仅能够在高校体育教学中创造出栩栩如生的仿真环境，而且还能提升整个教学过程的互动性和真实感。这种技术的应用，特别是在数字化技术与体育教学的结合中，极大地提高了教学的沉浸度和逼真度，为学生带来了更加全面和丰富的体验。它通过增强学习的趣味性和互动性，显著提高了学生的参与积极性和学习效果。例如，在足球射门技巧的学习中，学生通过佩戴虚拟现实头盔，仿佛身临其境地置于一个虚拟的足球场中，体验到与真实比赛场景近乎一致的环境。在这样的环境下，踢球的姿势、

力度和掌握时机等技能，学生可以通过高度精确的场景模拟来练习。此外，结合先进的虚拟现实设备和传感器系统，教师能够对学生的运动动作、姿势和技术进行实时的监控和细致的分析。当学生执行体育动作时，系统可以提供即时的专业反馈和指导，帮助学生有效地改善在关键领域的不足。这种个性化的指导和即时反馈机制极大地加快了学生在运动技能上的学习和提高过程，学生可以更快地识别和纠正运动中的错误，从而有效地提高他们的技能水平和运动效果。同时，虚拟现实技术的应用还能创造出一些特殊的运动环境，如模拟高山攀登或深海潜水等极端运动场景。在这些虚拟环境中，学生不仅能够体验到特殊环境下的运动，还能在安全的条件下进行全面的训练，深入了解这些运动的专业知识和技巧。这种独特的学习体验不仅能激发学生的学习兴趣和探索欲，还能培养学生的冒险精神和团队合作能力。这种创新的教学方式，不仅拓宽了学生的视野，而且促使学生的思维方式变得更加开放和创新。总之，虚拟现实技术在高校体育教学中的应用，不仅为传统的教学方法带来了革命性改变，而且为学生创造了一个更加动态、高效和安全的学习环境。

2. 利用移动应用和在线平台，扩大教学资源的覆盖范围

在现代高等教育体系中，数字化技术与体育教学的融合正深刻改变着传统的教育模式。利用移动应用和在线平台，体育课程的教学资源变得更加易于获取，其传播范围也得到大幅拓展。这种变化不仅极大地丰富了学生学习体育知识和技能的渠道，也显著提高了教学效果和学习成效。在这种数字化的新教学环境中，教师可以将教学材料、课件和视频等数字化，便于存储和共享。这样的更新使得教师在教学资源的管理和更新上更为便捷，同时也使学生能够随时随地地访问这些资源，更加深入地理解课程内容。数字化教学的另一个优势是，通过移动应用和在线平台，学生可以获得更多的学习工具和互动机会，大大增强了教学的互动性和学习的多元化。学生可以通过这些工具获得更多的学习资源，扩展自己的学习方式和视野。例如，专业的运动健身应用能帮助学生制订个性化的锻炼计划，并记录运动数据。这不仅有助于提高学生的身体素质，也能加深学生对体育课程内容的理解和实际应用。总之，体育教学与数字化技术的结合为高校学生创造了一个更加灵活、互动和全面的学习环境，使体育教育变得更加生动、高效和个性化。

3.推广智能穿戴设备，促进学生的自主学习和个性化指导

数字化技术在高校体育教学中的应用，特别是智能穿戴设备的普及，极大地促进了学生自主学习能力的培养，并带来了定制化的教学指导。这类设备能记录并分析学生运动中的各种数据，包括姿势、力度和速度等，为教师提供更全面的信息，进而使其更好地理解和指导学生。利用尖端的传感器和数据收集技术，这些设备能准确地捕获学生的每一个动作，并将数据实时传输至移动应用或在线平台进行深入的分析。以游泳学习为例，智能手环通过震动或声音提醒，协助学生调整呼吸节奏和划水力度。这种实时反馈对于学生纠正动作、提高技能和增强自信至关重要。在跑步训练中，智能设备根据学生的身体状况和训练目标，制订个性化训练计划，调节运动强度和时长，确保每个学生都能获得最佳训练效果。此外，智能穿戴设备还能通过算法分析运动数据，提出具体改进建议和技术指导。这些智能穿戴设备不仅是数据记录的工具，更是个性化教学和训练的伙伴。它们根据学生的具体情况，提供个性化的建议，使学生在体育学习中获得更全面、更深入的指导。借助这种技术整合，高校体育教学变得更加智能和高效，显著提升了教学品质和学生学习体验。

（二）高校体育数字化教学模式的创新策略

1.引入虚拟现实技术

在传统的体育教育模式下，学生的训练和实践活动常受限于时间、空间和资源的不足，导致他们只能在有限的条件下，如在小型场地和基础设备中进行学习，这种限制很大程度地影响了教育内容的多样性和学生体验的深度。然而，引入虚拟现实（VR）技术后，这种状况有了显著改变。VR技术创建了全新的运动环境，使学生能够享受到更加沉浸式和生动的运动体验。这项技术不仅能够模仿现实中的体育场景，如足球场和篮球馆，还能构造出纯虚构的运动环境，让学生能够身临其境地进行各种运动实践。通过构建这些虚拟运动场景，学生可以接触到更多样的体育项目，进而提升技术水平和理解能力。在这些模拟环境中，学生可以获得运动的即时反馈，这不仅提升了他们的参与感，还增强了体验的真实性。因此，高校应当积极争取政府、企业和基金会的资助，以利用虚拟现实技术的全部潜力。这些资助不仅能降低VR设备的购置成本，还能为这些设备的购买和升级

提供专项资金，确保技术的持续先进性和可用性。此外，高校还应与其他教育机构、研究组织和相关行业合作，共同推进虚拟现实技术的发展与应用。通过共享资源，可以减轻单个机构的财务负担，并提高技术的普及率。教师在这一变革中扮演着至关重要的角色，他们需要设计多元化的应用场景，覆盖从篮球、排球等室内项目到登山、滑雪等户外活动的各种体育项目和技能训练。这些多彩的应用场景使虚拟现实技术能够满足不同学生的学习需求和兴趣，为体育教学带来颠覆性的改革。

虚拟现实技术的运用，在模拟复杂的体育运动场景方面也展现出独特的优势。这种技术的应用不仅极大地促进了学生对体育技巧和战术的深入理解，还显著提高了他们的学习积极性。以足球训练为例，针对技术性动作，如传球、射门和盘带的学习，传统教学要求学生通过大量和反复的练习来掌握。但是，引入虚拟现实技术后，教师能够创造出近似真实比赛的模拟训练环境，学生可以在虚拟的场景里进行大量的实验和调整，有效地提高技术水平。此外，虚拟现实技术还能够模拟出比赛前紧张的气氛和对抗局面，这对于学生掌握竞赛策略和强化心理素质是极为有益的。因此，教师需要具备相应的技能和知识，以便熟练地运用这些虚拟现实设备进行教学。为此，高校应当开展专业的培训工作，根据教师的需求和水平，提供定制化的培训方案。这些培训课程应涵盖虚拟现实技术的基本原理、设备操作与管理、教学设计与应用等方面的内容，其目的在于帮助教师熟悉和掌握相关技能，以便更有效地在教学中运用这些技术。高校应邀请相关领域的专家进行分享，介绍最新的行业趋势、应用案例以及教学的最佳实践，提供实用的操作指南，同时也为教师解答任何技术相关的疑问。综上所述，虚拟现实技术在体育教学领域的运用，不仅为学生创造了新颖且丰富的学习环境，还直接提高了学生对体育学习的兴趣和热情。虚拟现实技术能够为学生提供成就感，学生的学习动力将得到显著提升。

2. 借助在线教育平台开展远程学习

为了实现数字化转型，高校应积极采取措施，利用好众多成熟的网络多媒体平台，如微信、QQ、学习通、腾讯会议和运动校园 App 等。通过对这些平台的综合利用，学校不仅能够创建全方位的体育数字化教学信息平台，还能确立明确的数字化教学目标，并将虚拟现实技术作为教学的关键部分。在这套数字化体育教育体系中，教师可以利用 QQ 学习通等工具进行精确的体育课程规划和教学设计，以确保虚拟现实的教学内容与预定的教学目标完美对接。此外，教师还能通过运动校园 App 分享各类教学资源，如课件、教案、实验报告和学习资料，进而极大地扩展学生的自主学习资源，并提高自学效率。腾讯会议平台上的在线课堂功能，使教师能够通过直播授课和互动答疑等形式，与学生进行即时的沟通和互动。这种模式不仅便于学生在家或其他地方学习，还促进了师生间以及学生间的交流、讨论和问题解决。此外，网络多媒体平台提供的运动数据分析工具，使教师能够深入了解学生的学习表现和需求，并根据每个学生的情况制订个性化的学习计划和辅导方案。在线一对一指导、实时反馈和评估，以及针对个别学生情况进行定制化教学，进一步提高了教学质量和成效。

为了全面和系统地提高体育教学的效果，建议将教学过程划分为三个重要环节：课前准备、课堂教学和课后巩固。在每一环节中，应充分利用数字化工具和平台，以增强教学效能和优化学生的学习体验。在课前准备阶段，学生需主动利用微信、短视频平台、学习通等现代信息技术手段，对体育知识进行预习和资料搜集。他们可以通过搜索相关资料、观看在线教学视频和参与网络讨论，为即将到来的体育课做充分准备。在课堂教学环节，教师的讲解和示范可以通过摄影、录像等数字化方式记录下来，并上传到教学平台，方便学生随时学习和复习。学生可通过观看这些数字内容，深化对教师指导的理解，并利用视频分析工具来掌握课堂上的重点。在课后阶段，学生可以通过录制自己的运动实践视频，与同学和教师分享并交流，从而互相学习并获得建设性的反馈。数字化工具的应用，不仅让学生的学习更加全面和有效，也便于教师及时掌握学生的学习状况和在学习中遇到的难题，从而为以后的教学提供更加精准的指导。总而言之，这种综合运用数字化教学策略的方法，不仅能够提高高校体育教学水平，还能确保学生的学习效果，对远程教学来说效果更为显著。

参考文献

[1] 邱天，林水秋，陈晰 . 高校体育创新思维的教学与实践 [M]. 厦门：厦门大学出版社，2020.

[2] 孙越鹏，宋丽丹 . 高校体育教学理论及改革创新研究 [M]. 北京：新华出版社，2018.

[3] 张遥，李刚 . 高校体育人才培养理论与实践研究 [M]. 北京：新华出版社，2020.

[4] 马鹏涛 . 高校体育教学改革创新与科学化训练研究 [M]. 北京：新华出版社，2018.

[5] 吕青 . 高校体育教师培训模式的研究 [M]. 北京：北京体育大学出版社，2011.

[6] 吴春霞 . 我国普通高校体育管理组织结构的研究 [M]. 北京：北京体育大学出版社，2010.

[7] 李冬梅 . 论中国现代普通高校体育制度的变迁 [M]. 北京：北京体育大学出版社，2009.

[8] 林向阳 . 普通高校体育教材设计与编写的理论探索 [M]. 北京：北京体育大学出版社，2008.

[9] 董波 . 高校体育管理研究 [M]. 西安：西安交通大学出版社，2017.

[10] 谢萌 . 高校体育文化教育研究 [M]. 长春：吉林人民出版社，2021.

[11] 兰弼麟 . 新课标背景下高校公共体育课程的教学模式探究 [J]. 拳击与格斗，2023（11）：112–114.

[12] 杨广，周利 . 我国高校体育教学研究进展、热点及趋势分析 [J]. 体育视野，2023（21）：1–3.

[13] 李玲玲，王子睿，张远臻，等 . 课程思政融入高校公共篮球课教学的实践路径研究 [J]. 体育视野，2023（21）：52–54.

[14] 祁璐 . 互联网混合式教学在高校体育课程中的应用研究 [J]. 体育视野，2023（21）：116–118.

[15] 熊强. 社会主义核心价值观融入高校体育的内在关联、价值蕴涵和实践路径 [J]. 体育视野，2023（21）：15-17.

[16] 段青. 新发展时期高校公共体育课程教学改革转型模式的思考 [J]. 田径，2023（11）：4-7.

[17] 周娴. 基于层次分析方法的高等学校体育评价系统的研究 [J]. 文体用品与科技，2023（21）：160-162.

[18] 国威. 高校体育管理在互联网视域下的信息化发展策略 [J]. 文体用品与科技，2023（21）：187-189.

[19] 廖美妙，聂英涛. 我国高校体育课程思政研究的现状和趋势——基于 Cite Space 的知识图谱分析 [J]. 安徽体育科技，2023，44（5）：80-85.

[20] 何宜中. 体教融合视域下高校体育教育发展策略探究 [J]. 南昌工程学院学报，2023，42（5）：93-98.

[21] 黑浩源. BOPPPS 模型在高校体育公共课在线教学的应用研究 [D]. 长春：吉林大学，2023.

[22] 张迪. 普通高校体育教育专业《田径运动》课程教学质量评价体系的构建研究 [D]. 济南：山东师范大学，2023.

[23] 时品. 新媒体时代运动 App 融入高校体育课程研究 [D]. 贵阳：贵州师范大学，2023.

[24] 徐宁宁. 高校体育舞蹈专项教师专业素养评价方法及其提升策略研究 [D]. 济南：山东师范大学，2022.

[25] 刘帅心. 高校体育类慕课建设的现状及发展对策研究 [D]. 开封：河南大学，2022.

[26] 朱德亮. 高校体育专业术科课程思政示范课程教学特征分析 [D]. 开封：河南大学，2022.

[27] 王子玥. 高校体育教师课程思政能力评价指标体系构建及实证研究 [D]. 济南：山东大学，2022.

[28] 刘金鑫. 运动教育模式在普通高校体育舞蹈专业课程教学中的应用研究 [D]. 黄石：湖北师范大学，2022.

[29] 郑小凤. 制度视角下我国西部地区高校体育教师职业发展研究 [D]. 上海：上海体育学院，2021.

[30] 王雅冬. 基于 OMO 模式的高校体育舞蹈课程混合式教学研究 [D]. 石家庄：河北师范大学，2021.